クリスチャニア
自由の国に生きる
デンマークの奇跡

清水香那　文

稲岡亜里子　写真

WAVE出版

クリスチャニアに手伝いにやって来る、
ドイツの旅する大工たちが、自分たちの
寝泊まり用に建てた家、通称「バナナハウス」。

旅のはじまり

今、私はデンマークのコペンハーゲンにある自治区、クリスチャニアに暮らすアウリの家のリビングの椅子に腰かけて、目に飛び込んでくるものすべての美しさに息をのんでいる。

開け放たれた玄関のドアからは、朝の新鮮な空気が流れ込み、いろんな種類の小鳥たちのさえずりが賑やかに聞こえてくる。玄関ポーチの先に続くやわらかな芝生の絨毯《じゅうたん》と、庭先で見事に咲いているシャクヤクやバラが、6月の風に揺れて気持ちよさそうだ。

目の前の平和で美しい風景をぼんやりと眺めながら、私をデンマーク、そしてここ、クリスチャニアへ導いてくれた、これまでの物語に想いを馳《は》せていた。

私が京都に引っ越してきたのは2011年。東日本大震災のすぐ後のこと。縁があって京都で暮らすことになって、少し落ち着いたころ、友人の紹介でひとりの女の子に出会った。

彼女に出会った日のことを今でもはっきりと覚えている。まるで光の粒があふれ出して輝く星が具現化したかのような女の子が目の前に現れたのだ。

彼女の名前は稲岡亜里子ちゃん。写真家として世界を飛びまわり活躍する彼女は、500年以上続く老舗の蕎麦《そば》屋の16代目の当主を継ぐために、ちょうどそのころ京都に戻ってきていたのだ。

出会う前から、共通の友人も多かった私たちは、すぐに意気投合した。それから少しして、ネイティブアメリカンのホピ族を訪ねた旅から戻ったばかりの私は、亜里子ちゃんと会う約束をした。久しぶりに会った私たちは、話したいことでいっぱいだった。

ホピへの旅は、ある目的のため。東日本大震災の直後、ホピ族のチーフが日本の私たちに向けて発した美しいメッセージがある。そのメッセージはすぐさま日本語に翻訳され、SNSを通して日本中、世界中の人々の元へ広がっていった。その感謝を伝えに友人たちとホピを訪ねたのだ。

ホピ族には古くから伝わる「聖なる予言」があることで、世界中に知られている。

「母なる地球の心臓が眠る聖なる大地を優しくそっと歩くこと。決して掘り返してはならない」

ホピ族は、聖なる大地を守る役割を大いなる存在から託されたのだと先祖から言い伝えられてきた。
その聖なる大地に大量のウラニウムや石炭が眠っていたことが知られると、大地から掘り起こされたウラニウムは第2次世界大戦のときに、原子力爆弾となって広島と長崎に使われることになった。

ホピ族と同じような言い伝えが残っている大地がほかにもあった。オーストラリアのカカドゥ。オーストラリアのネイティブであるアボリジニの人々が聖地として大切に守ってきた場所だ。
その聖なる大地にも、やはりウラニウムが眠っていた。大規模な採掘が行われ、掘り起こされたウラニウムは原発の燃料となって、日本の福島にも送られていたと知ったときには軽い目眩《めまい》がした。

けっして掘り起こしてはならないもの。
目覚めさせてはいけないもの。

東日本大震災と、震災によって起きた原発事故を北の大地で経験した私は、ホピの大地に立ったとき、自然と涙があふれた。「ごめんなさい」と、大地にただただ謝った。

ホピのチーフは「種を蒔《ま》き続けること」と話してくれた。

ホピはアメリカ合衆国に自治区として認められた場所。ホピ国として公式にそのメッセージを送ったのだと伝えてくれたのだった。

その旅から戻ってきたばかりの私は、亜里子ちゃんにいろんなことを話したくて、うずうずしていた。


震災後の私たちを取り巻く社会のこと、ホピのこと。私たちは、その日とにかくいろんなことを話した。

ひょんなことから話がデンマークのことになった。

ちょうど長女のるかがデンマークに留学中で、るかから送られてきたデンマークの写真を亜里子ちゃんに見せながら、私にとってデンマークはいつか行ってみたい国なんだと話していた。


私がデンマークに大きな憧れを抱いたのは、震災前のこと。デンマークという国が「チェルノブイリの原発事故が起きる1年前の1985年に、原発を国民投票で放棄した」という記事を何かで読んだときだった。

なんて意識の高い人々が暮らす国なんだと驚いた。そんな国が、この地球上に存在しているということを知っただけでも、嬉しくて希望の光を感じたのだ。

ずっと話を聞いていた亜里子ちゃんが突然こう言った。

「デンマークの首都コペンハーゲンのど真ん中に、自治区『クリスチャニア』というフリーカントリーがあるらしいの。実はちょうど、雑誌の『TRANSIT』が北欧特集をするって聞いていて。取材に行けないか考えていたの」

首都のど真ん中に自治区が？

信じられない。しかも40年以上も存続しているなんて。ほかの国だったら、軍や国のパワーに制圧されてしまっていただろう。

「かなちゃん、一緒にデンマークに行かない？　かなちゃんが書いて、私が写真を撮るの。企画書を作って編集長に話してみよう。デンマークに実際に暮らす人たちに会ってみたい。2人でデンマークに行って、この目で見てみようよ」

『TRANSIT』からゴーサインが出たときは、喜びのあまり飛び上がってしまった。

2011年3月11日に、東日本大震災と福島原発の事故を経験してから、この日本という国で信じられてきた薄っぺらな「民主主義」というものに、ますます大きな疑問とジレンマを感じるようになっていた私たちは、デンマークに何か希望の光を見たような気がしたのだ。遥か彼方の北欧の小さな国から放たれているその光が、とても眩《まぶ》しく見えた。そして２０１１年11月、私たちはその「光」を探す旅に出た。

この旅の後、この体験を本にするために２０１３年９月にも旅することになる。さらに私ひとりで２０１７年６月の２週間、デンマークへは計３回足を運ぶことになった。

見えない点と点とがつながって、あるとき、美しく織られた蜘蛛《くも》の巣が姿を見せる。これまで起きたことのすべてに、ちゃんと意味があったということを知るのだ。

２０１７年６月　夏至の日に　　清水香那

Contents

・文中の（＊）は、著者の注釈です。
1デンマーククローネは、17・5円（2017年8月時）で計算しています。
・登場人物並びに会話中の情報は、取材時(2011年、2013年、2017年）のものです。
・『TRANSIT 19号 美しき北欧 光射す方へ』(講談社、2012年）のデンマーク取材記事「自由の根っこにあるもの」に掲載された写真や原稿の一部も加筆修正して使用しています。
・クリスチャニアへは、メインゲートから自由に訪れることができますが、住人エリアの無断立ち入りは、ご遠慮ください。

The free spirits of Christiania

クリスチャニア
自由の国に生きる

「クリスチャニア」では、持続可能な暮らしと民主的な価値観の中で責任と選択が委ねられていて、住民たちはここで暮らすことに誇りを持っている。ここは光も闇も混在していて、私たちが暮らす社会の縮図のようだ。

「クリスチャニア」へようこそ

デンマークの首都、コペンハーゲンのど真ん中に、フリーカントリー(自治区)「クリスチャニア」はある。成り立ちは1971年、かつて軍の兵舎だった場所をヒッピーや若者たちが占拠したことからはじまった。以来、幾度となく軍との衝突があったものの、45年以上も自治区として存続してきた。日本でいえば、東京のど真ん中の一等地に自治区があるようなもの。そんなこと想像できるだろうか?

クリスチャニアへのゲートは、すべての人に開かれていて、24時間閉まることはない。出入り自由。誰もがクリスチャニアを訪れることができる。

コペンハーゲンでは、クリスチャニアがチボリ公園と並ぶ2大観光ポイントになっている。教師の引率で、デンマーク中の中学校や高校などから社会見学に来ていたり、週末になれば、子どもを連れた若い夫婦がピクニックに訪れたりしている。

クリスチャニアを歩いているとよく目にする、学生たちの社会見学ツアーは、生徒たちにクリスチャニアの存在や社会、コミュニティーのあり方、民主主義とは何かを考えさせる時間になっているそうだ。観光客やシニアのツアーも頻繁に行われていて、クリスチャニアの存在に、国内外の多くの人々が注目している。

政治家もお忍びでやって来る人気の星つきレストラン「ロッペン」には、ここでの食事を楽しむた

河岸を散歩していると出会う、なじみの白鳥たち。

めに毎日たくさんの人々が訪れる。このレストランには、クリスチャニア住民用の価格が存在していて、少し割安で食事をすることができるそう。「朝の場所」という意味の「モーンスタ」というベジタリアンカフェは大好きな場所。滞在中、一体何度通っただろう。

ほかにも今やクリスチャニアの顔にもなっている、クリスチャニアバイクの店や、鉄関連を扱う「アイアンスミス」。ブティックやアートギャラリー、土産物屋、パンや日用品を扱う店、住民用に種や植物の苗など園芸用品や大工道具、建材を売る店、ヒッピーテイストの服や小物を売る露店など、訪れる人と住民が楽しめるようないろんな種類の店やレストラン、カフェが軒を連ねている。

露店が立ち並ぶ通りの向こうには、カナビスストリートという通りが現れる。そこは、カナビス(マリファナ)を売る少し怪しげな店が軒を連ねていて、写真撮影禁止の看板が目に入ってくる。マリファナはデンマークでは違法だが、ここでは暗黙の了解で売られている。このことだけが、クリスチャニアのすべてのように書き立てられることもあるけれど、それはクリスチャニアのほんの一部にしかすぎない。カナビスの販売には一切クリスチャニアは関与していない。

カナビスストリートのすぐ近くには、スケートボードパークがある。行き場をなくした少年たちがいつでもやって来られるようにと、有志で住民たちが建設した場所。その隣に店を構えている「アリス」はここの通りのガーディアンエンジェルのような存在だ。一時期コペンハーゲン内に店を移していた時期もあったが、２０１５年にクリスチャニアに戻ってきた。スケートボードパークの生みの親の一人でもあり、「アリス」のオーナーであるアルバートの存在がこの場所に戻ってきたことで、カナビスストリートにあるエネルギーがまったく違ったものになったように感じる。

ユニークな施設として男女混浴のサウナもあり、誰でも利用することができる。まさに裸の付き合いがここにある。ここで恋に落ちて、後に結婚したカップルもいるそうだ（勇気がなくて、私はまだこのサウナに一度も入ったことがない）。緊急の患者を一時的に受け入れる小さな病院もあり、治療には東洋医学やハーブが処方される。クリスチャニアでは、ホームレスの人々やアルコール中毒患者、どこにも行き場のない人々も無償で受け入れているという。

メインストリートから、さらに通りを進んでいくと、先ほどのカナビスストリートの景色が少しずつ、平和でリラックスした雰囲気へと変化していくのがわかる。住人たちの暮らすエリアだ。

ここに暮らす人々が自由に建てた家々は、どれもアーティスティックで個性的で美しい。木々が揺れ、緑や花があふれていて、子どもたちの幼稚園や公園、川、湖、森まである。世界中から訪れた観光客たちは、川沿いに佇《たたず》む家々の素敵さにため息をつく。

クリスチャニアでは車の乗り入れが禁止されているので、移動はもっぱら、自転車と歩き。道もアスファルトで舗装された道ではなく、昔ながらの道が続いている。犬をつなぐことも禁止されている

街中がアートであふれている。

散歩が好きな住民がつくった小径。

ので、犬も猫や子どもと楽しそうに、自由に走りまわっている。

エリア内は住民たちが植えたり育てたりした木々や緑が多く、クリスチャニアが存続していることによって保護された森には樹齢５００年を超える木々もあり、野生の鳥も多く生息している。

クリスチャニアに集う人々

「世界中のコミュニティーやエコビレッジを一つにつなげるプロジェクトに取り組んでいる素敵な女性がいるから、会ったほうがいいよ」

と何人もの人から名前を聞いていたニナ。クリスチャニアで暮らしはじめて10年になる彼女は、４歳の息子を持つ母親でもある。

ニナが暮らすのは、クリスチャニアの中央部のセンターと呼ばれるところで、彼女の家は、昔の軍の兵舎だった大きな建物の中の一室にある。外に取り付けられた螺旋《らせん》階段を上っていくと、ニナが微笑みながら待っていてくれた。

クリスチャニアの中心部を一望できるバルコニーからは、あたたかな太陽の光が射し込み、窓にはブリキ缶や壊れた眼鏡や羽根で作られた風見鶏が揺れていた。演劇の小道具や衣装にも使う、大きなカラスの羽根や試作中のマスクや古いステッキ。衣装を縫うアンティークのミシンは次の出番を待っている。演劇グループの役者、脚本、演出、小道具、衣装にいたるまですべてをニナが手がけている。古いカメラや映写機に、南の島から持ち帰った古い木彫りのオウム。本があふれるようにぎっしり並んだ棚に、世界各地の旅先から届いた絵はがき。わんぱくな4歳児のためのクライミングができる壁はニナの手作りで、ニナの世界が詰まったこの部屋は、彼女の感性で美しく彩られていた。

ちょうど今、ニナが脚本を手がけている演目のキャラクターの衣装と、アイデアが描かれたノートがテーブルの上にあった。イラストレーターも顔負けの腕前に驚いてしまった。小道具の羽根飾りのついた美しい帽子も、ニナによるものだった。

「アマチュアの演劇なんだけど、ずっと関わっているの。私はアーティストじゃないのよ。作りたい気持ちがあふれて作るんじゃなくて、必要に迫られて作るから（笑）。だけど創造することは大きな喜びよ。演目はいつもテーマを決めて、その都度、社会的なメッセージを込めているわ。今回は、現在と過去と未来を見通すおばあちゃんたちが出てきて、たくさんの登場人物とエピソードが交差していくおもしろい物語よ」

「初めてクリスチャニアに来たのは、今よりもっと若いとき。まだ学生のころね。私はもともと北のほうで生まれ育ったの。クリスチャニアには学校の課外授業で、先生の引率でクラスメイトたちと一緒にやって来たのが最初だった。まだ学生だった私にとって、ここに満ちている自由でクリエイティブなエネルギーは衝撃だった。そのとき、こう思ったの。私、いつかきっとここで暮らすわ！ってね。それから数年後、クリスチャニアの創立記念の誕生日を祝う大きなプロジェクトに参加して、その半年後、すでにここの住人だった友だちのところに移ってきたの」

「ここは私の4番目の場所なのよ。最初は、このコレクティブハウス（共同生活住宅）の屋根裏部屋に、友だちと2人で暮らしたわ。2番目に住んだ場所は、湖に面したエリアよ。小さな丘と森がすぐ近くにあったわ。そこからの眺めはとても美しかった。静かで平和なエネルギーのその家に、友だち3人と暮らしたの。次に移ったのは、その湖の家の反対側。そこも湖に面していて、前のエリアとはまた違った静けさと穏やかさがあったわ。私が暮らした家の名前は、ニルヴァーナといって、そこで赤ん坊を出産したの。そこもよかったんだけど、家にガタがきていてね。私はクリスチャニアでいつも人と一緒に暮らしていたでしょう？　子育てするのにもエネルギーが必要だし、そろそろひとりになる時間や、プライベートを持つことが必要だって感じるようになったの。

そして4年前に、ここに移ってきたわ。ここの住人が旅行に出かけるあいだだけだったんだけど、彼らは戻らないことになって、そのまま私が暮らしているのよ。ここはこの家だけの専用のキッチンもあるし、プライベートがあるのが気に入ってるの。今は、友人に手伝ってもらいながら、トイレとお風呂を取り付け中よ。最初に暮らしていた場所に戻ってきたってわけね」

ニナの部屋から通りを見下ろすと、すぐそこに老舗のバー「ウッドストック」がある。昔からのなじみが通うバーだけど、昼間から酔っぱらいがいて、今も誰かが奇声を上げている。クリスチャニア

やわらかな風が吹き抜けるニナの部屋。

の外から通っている人々も多いという。ここで騒ぎを起こしてしまったら、行く場所がなくなるような人たち。

街中では、不法移民と思われる人々の姿もときどき見られた。彼らの中には、貧しかったり、アルコール中毒の人々も多い。コペンハーゲンなどの大都会は核家族化が進んでおり、生活への保証が手厚く、離婚後の金銭的な不安も少ないので離婚も多い。北欧は長く暗い冬と孤独感からアルコールや自殺に走ったり、簡単に手に入るドラッグで中毒になったりするケースも多く、デンマークも、抱える問題は多い。

「クリスチャニアは、どこにも行き場所がないような人々も、拒まないで受け入れるの。このことこそが、クリスチャニアのもっとも美しいところともいえるわ。福祉が整ったデンマークでも、移民など貧しくて暮らす場所がない人もいる。そんな行き場のない人々をクリスチャニアが助けているの。眠る場所や医療施設を提供したり、家賃を肩代わりしたり、専門のカウンセラーもいるわ。こうした問題とどう折り合いをつけていくか、受け入れ続けていくのかはとても大変なことよ。これからもチャレンジは続くわね」

政府とクリスチャニアの土地問題の解決のために動いたグループにニナも参加していた。

「政府との土地問題はまだ解決したとは言えないわ。ブルーキャラメルとクロウベアー、2つのエリアはまだクリスチャニアのものにはなっていない。まだまだやらなければならないことがたくさんあるわ（＊その後、この土地問題は、クリスチャニアが政府から、クリスチャニアのすべての土地を買い取るということで合意が取れている）。『土地は誰のものでもない』。これは、クリスチャニアがはじまりから大切にしてきた精神の1つなの。『土地を買い上げる』という決断に至るまで、住民たちの意見をまとめることも大変な作業だったわ」

「今、私が携わっているプロジェクトは、世界中のコミュニティーをつなげるプロジェクト。数年前、スペインやポルトガルを旅して、各地のコミュニティーを訪ねたんだけど、とても素晴らしかった。ドイツやオランダ、マレーシアにも行ったわ。エコロジカルな思想やスピリチュアルな思想でつながったコミュニティーもあったわね。一人一人の意見やアイデアが力になって、現実を創造していく社会よ。世界中のそうしたコミュニティーがつながっていけば、とてもパワフルだと感じたの。

こないだポルトガルで世界のコミュニティーをつなぐ大きなシンポジウムがあったの。これは3年前のオランダではじまって、年々大きく成長している。クリスチャニアもこの流れに加わることになったのよ。2013年のシンポジウムはここクリスチャニアがホストになって、世界中のコミュニティーやエコビレッジの人々を招待することになったの。すでにそんな暮らしをはじめている人々が新しい意見やアイデアを交換し合って、学び合うの。

アースシップという、廃棄された車の部品やビン、ゴミから美しい家を作り出しているプロジェクトがあって、彼らもここで建築のワークショップをする予定。ほかにもファーストエイトと呼ばれる

オーガニックの食材や調味料が並ぶ棚。

次の劇に使う自作の帽子をかぶるニナ。

建築グループもやって来るわ。実際に彼らに教わりながら、ここで家を建築するプロジェクトよ。ワークショップに参加して体験した人々が、また世界中に散っていってそのノウハウを伝えていく。素晴らしいでしょ。このプロジェクトにはとてもやりがいを感じているのよ。たくさんの可能性を感じているの」と嬉しそうに話すニナ。

「未来の子どもたちのために、よりよい世界をつくるために、私たちが動き続けていくことは、とても嬉しくて大切なこと。私たちはひとりきりじゃないわ。世界とつながっている」

落ち着いた心地よい声のトーンでゆっくり話すニナ。ニナの瞳はグリーンにブルーや茶色が入り混じる地球色で、私の好きなラブラドライトの石みたいだ。その瞳は彼女の静かな情熱を映していた。

クリスチャニアで暮らすには

フリーダたちが暮らすのは、クリスチャニアの川岸にある元軍の建造物の構造をそのまま住居にしたエリア。重厚な木の門に、レンガをアーチ形に組んだ石塀。ここは、通称アウリギーナと呼ばれる、川岸に面したコレクティブハウス。アウリギーナとは、「いつも赤ん坊が生まれているところ」という意味を持つらしい。

アウリギーナの門をくぐると、緑や木々が気持ちよさげに茂る大きな中庭。ここにも数台のクリスチャニアバイクが止めてある。すぐに目に飛び込んできたのは、作りかけの小屋のようなもので、庭の中央にある。右手側には石造りの古い建物。いくつかの扉が開かれていて、中から住民たちの朗らかな笑い声や話し声が聞こえてくる。手前の扉からは、小さな子どもたちがジャム付きパンを片手に出たり入ったり。猫がのんびりそぞろ歩くその先は川岸で、茂みの先に水の流れが見え隠れしている。そこには住人たちの手による、青空の下の小さなバスタブがあった。

「おはよう！　待ってたわよ！」

ちょうど朝食を済ませたばかりのフリーダと子どもたち。テキパキとテーブルの皿を片づけながら、「お茶をいれるわ、何がいい？」。

フリーダは、ダークブラウンのくしゃくしゃの巻き髪と輝く陽気な瞳を持つ女性。大工で、サスティナブルな水の浄化システムを勉強中のパートナー、サムと2人の子ども、ノアとアイリスとの4人暮らし。今は子育てをしながら、手話を学んでいる。

「ここに耳が聞こえない人は住んでいないけど、いつか必要になるかもと思ってはじめたの」

フリーダはお茶を入れたマグカップとベリーが入ったお皿をテーブルに置きながら続けた。

「ノアもアイリスも、このリビングの丸いテーブルで生まれたのよ。出産のときは、私の母親、2人の姉、彼の母親、親友と、たくさんの女性たちが手伝いに来てくれたの。素晴らしい経験だった。じつは、私の旦那もクリスチャニアで生まれたの。そう、ここよ！　彼もこの家のキッチンで生まれたのよ。彼のお母さんはクリスチャニアの住民で、ここで暮らしていたの。

「旦那も子どもたちも、みんなこのダイニングで生まれたのよ」とフリーダ。

この家は、昔はベジタリアンオンリーだったけれど、今はもう少しゆるいかな。共同のキッチンが1つ。当時はお風呂もサウナもなしだったから、大変だったのよ」

そう言って、朗らかに笑うフリーダ。

「なぜ、私がここで暮らしているかってことね。それは私の彼がここで生まれ育ったのもあるし、私もクリスチャニアの自由、博愛、民主的、アナキスト(無政府主義)、といったクリスチャニアの精神が好きで、2人でここに暮らしたいと思ったの。

今、クリスチャニアの住人になるには大変なの。みんなここに暮らしたいって思っているから。そんな中、すでに彼がここの住人だったからとてもスムーズだったわ。クリスチャニアグリーンカードが当たったってわけね」

「これ以上家を建てない」ということで、政府と土地問題の合意をとったクリスチャニアでは、新たに家を建てることはできない。そのためクリスチャニアの住民になるのはなかなか難しい。家の空きが出ると、情報が公開され、オープンハウスが行われる。毎回100組以上の希望者が集まる中から、誰を隣人に迎えるかを決めるのはそのエリアの住民たち。その中でも一番の発言力があるのは、両隣の家に暮らす住民である。たとえば子どもの成長に合わせてもう少し広い家へといったような「生活スタイルの変化」から、別の家に移動を希望することもできる。住民のクリスチャニア内の移動は、外からの入居希望者よりも優先される。

マグカップになみなみと入れたお茶を片手に、話を続けるフリーダ。

「2003年に、私がクリスチャニアに来た当時は、みんなもっとピリピリしていたときだった。政府は、私たちをここから立ち退かせたかったから。『もしかしたら、もうここには住めなくなるかもしれない。これからどうなってしまうんだろう』っていつも不安がつきまとっていたの。

だけど、あるとき、私たちの中から違う感覚が生まれたの。『恐怖からは何も生まれない』『不安がってばかりで止まっていても何もはじまらない。恐怖や不安で立ち止まってしまう代わりに、何か新しいものを創り出そう』って。だから私たちは早速、この建物のいろんな場所をきれいにして、新しいスペースを建て増したり、不便だったり古かったりしたところを、きれいにリノベーションしはじめたの」

「みんなで暮らしていくことは、すべてがいいことばかりじゃないでしょ。プライベートが欲しいし、煩《わずら》わしいことだってあるじゃない。前はね、もっとみんな心を閉ざしていたんじゃなかったかしら。

ここを変えたのは、子どもたちの存在。この2年間で、子どもたちがたくさん生まれたの。子どもたちは、家中の扉を自由に出たり入ったりするでしょう？　それと、ここには共同のキッチンが1つあって、基本的には家庭ごとに食事を作って食べるんだけど、子どもたちのおかげで『こんなの作ったから、どう？』なんてシェアすることが多くなったの。そんなところから、みんなの心がオープンになっていったの。子どもたちもいろんな家を行き来しているけれど、ちゃんとそこの家庭へのリスペクトも忘れないのよ。ここで社会を学んでいるの」

「もう少ししたら出産予定の住人もいて、彼女はシングルなの。ここにはほかに何人かのシングルマザーも暮らしていて、みんなが助け合って、より深い人間関係が生まれていると感じるわ。
ところで、最近ここの住人たちと『アクションデイ』をつくったの。みんなで何かやるぞ！っていう日。ぜったい参加しなくちゃならないってことはないけど、みんなで一歩一歩進んで、実際に何かをつくり上げていくの。全体のために自分ができることをやる日よ。今は、キッチンをリノベーション中。だから夏のあいだは、外がもう一つのキッチンなの」

中庭に目をやると、かわいらしいキッチンが外に作られていた。これはこれで使い勝手がよさそうで素敵だ。石造りの部屋には、当時の軍の建造物の構造をそのまま利用した小窓がいくつもあり、優しい朝の光が射し込んでいる。この窓は昔、ここから銃口を出して狙撃するための開口部だったそうだ。今は、フリーダたち家族にあたたかな光を届けている。

「ここで暮らす、みんなを紹介するわね」
共同のキッチンには、女性が3人。それぞれの食事を済ませて、カップを片手に話をしていた。そこにいたのは、フランス女優エヴァ・グリーン似の美しいナオミ。深いグリーンの瞳があたたかくて、彼女に見つめられると、とても心地よい。ナオミは、この家の通りをはさんだ向こう側の家で、1981年に生まれた。

「コレクティブハウス」の庭に仲間入りした小さな家は、「アクションデイ」に、みんなで作ったもの。

みんなの父親のような存在のトーマス。

「1968年に、フランスで革命があったの。フランス人の母はヒッピーで、ドイツ人の父はアナキストだった。2人はボーンホルム島にあるコミュニティーで、暮らしはじめたの。サンシャインファミリーといって、そこにはフランスやドイツ、いろんな国籍の家族が何組かいて、みんなで暮らしていたのよ。自然が豊かな田舎でね、食べ物も自分たちで作っていたの。精神的、哲学的なつながりが強い集まりだった。1977年に、もう少し街に近い暮らしもいいねと、私の両親と友人たちはクリスチャニアに移ってきたの。その4年後に、私はここで生まれたのよ。フリーダの旦那も兄弟みたいなものよ。ずっとここで一緒に育ったの。血はつながっていないけれど、みんな家族」

通りの外で何かあったようで騒がしい。初老の長身の男性が現れた。

「彼はトーマス。彼はね、私たちの父親みたいなものなの」

トーマスは、クリスチャニアのスタート当初から暮らしていて、アウリギーナの元住人。今もすぐ近所に暮らしている。ちょうど今しがた、外の道でアルコール中毒の男性が、クリスチャニアの住民に襲いかかったらしい。トーマスや、このエリアの男性たちがすぐに対応にあたって、一段落したのでトーマスがやって来たのだ。

クリスチャニアは自治区なので、基本的に住民たちで自衛をしている。コーヒーが入ったマグをトーマスに渡しながら挨拶を交わし、朝のちょっとした事件にみんなが耳を傾けている。クリスチャニアでは、みんながお互いを昔からよく知っていて、まるで親戚のような関係。近しいけれど、よい距離感を持って助け合ったり、声をかけ合ったりしている。そんな環境で生まれ育ったことをナオミはどう思っているのだろうか。

「そうね、もしもほかで暮らしていたら、きっと違った人生になっていたと思う。幸せよ。とても。ここは、人との関わりがとても深くて、お互いを知るにはとてもよい場所よ。特にね、この20年いろいろあったの。政治的にも抱えていることがたくさんあったから、こうして、みなで乗り越えてこられたことがとてもよかったわ。若い世代からは新しいアイデアやエネルギーが持ち込まれるの。来年私は、ここを出て大学に行くつもり。大学では、水中で行うボディセラピーについて学ぶの。クリスチャニアに帰ってくるかって？　もちろん。ここは、世界中探したってどことも違う、私の大切な場所。いつだって帰ってこられる『ホーム』なの」

クリスチャニアの自由な暮らし

クリスチャニアは、ちょっとした迷路のよう。木々の中に現れる小道から小道へと歩いていくと、不思議の国のラビリンスに迷い込んでしまったような気持ちになる。ここはベアクロウと呼ばれる、クリスチャニアの森のエリア。１００年前に人がつくったこの森は、政府が何度も壊そうとしたが、その都度、住民たちの座り込みや抗議行動で守ってきたそうだ。

そんな森の小道に、小さなキャラバン(キャンピングカー)を見つけた。小さなキャラバンの横には、赤いギンガムチェックのテーブルクロスがかかった外テーブルと椅子があり、テーブルの上には、おもちゃの剣や海賊船、飲みかけのリンゴジュースやマグカップが雨に濡れていた。

キャラバンのデッキ前には森が広がり、汲《く》み置きの水のタンク、食器を洗う桶《おけ》などが並び、森の小道には、マリアがペイントしてカスタマイズしたクリスチャニアバイクが止めてあった。

「ヘイ、ガールズ！　待ってたわよ！　アウリから聞いていたの。会えて嬉しいわ」

キャラバンの窓から勢いよく手を振るマリアと、その横には小さな男の子がはにかみながら顔をのぞかせている。きっとあの子がマリウスだ。大きくて弾むマリアの声があたりの森にこだまする。

「さっ、雨も降ってるし、中に入って！」

そう言って、キャラバンから勢いよく飛び出てきて、力強く抱きしめてくれた。太陽みたいに燦々《さんさん》と輝いていて、エネルギッシュなマリアは、瞬時に人の心を魅了してしまう。肩までの金髪は三つ編みにして、前髪はポンパドールのクラシックなスタイル。ビンテージのタイトスカート、片方がずり落ちた靴下と、腕にはコケティッシュなタトゥー、そして鼻にあけたピアス。キャラバンの中は、ノスタルジックなおもちゃ箱みたいで、何もかもがチャーミングだった。

「さぁ、何から話そうかな？　私はバルセロナの北、カタルーニャ地方で生まれ育ったの。クリスチャニアにやって来るまで世界中を旅してた。ずっと、ストリートでパフォーマンスや演劇をやっていて、使う素材やなんかは、すべてリサイクルのもので作っていたわ。友だちが人形を作って、２人でバッ

マリアとマリウスが暮らすキャラバンは2人の小さなお城。

クパックを背負って旅したのよ。

テーマは、革命的なことや政治的なことへのメッセージで、私たちのこだわりは、その問題を伝えるときに、いかに笑いやユーモアを込められるかってこと。シリアスになりすぎないように。だって、そこ、とても大切でしょ。偏りすぎると、受け取ることが難しくなるから。シリアスなことにこそユーモアが必要。そんなことを伝えたくて、私はパフォーマンスをするようになったの」

「クリスチャニアに暮らしはじめて5年になるかな。20歳のときに一度ここを訪ねたことがあって、2回目にやって来たのは32歳のとき。2回目に来たときは、あらためてすごい衝撃を感じた。このクリスチャニアのアイデアが混ざり合った感じがたまらなかった。

クリスチャニアはね、その当時、今もだけど、政府と土地の問題で戦っていたの。ある日、政府がやってきて、違法だという理由で、そのエリアの家の2階部分を勝手に壊してしまったことがあったの。家には政治的な活動家が住んでいたんだけど、その夜、クリスチャニア中から人々が集まって、壊れた家をみんなで力を合わせてすぐに建て直したのよ。それは、『こうした暴力には屈しない』というクリスチャニアのメッセージでもあったの。

私はアナキスト。クリスチャニアに集まってくる人は、みんなアナキスト。ここは、みんなそれぞれが違った意見やアイデアを持っていて、それがとても尊重される場所なの。ボスはいない。自分たちの暮らすコミュニティーの決め事は、お互いが納得するまで話し合うこと、人間的なものを重んじること、責任を持つことが求められている。

もう、ほんとにここに住みたいって心から思ったわ。私は、クリスチャニアで何度もショーをしていたから、『クリエイティブなショーをしているマリア』って、みんなが私のことを知っていた。だから、すぐに受け入れてもらえた。幸運だったわね」

そう言って、にっこり笑ってウィンクするマリア。数年前、離婚したマリアは、シングルマザーでマリウスを育てているが、同じ森の少し先に、マリアの別れた夫ヤンの家がある。マリウスは２人のあいだを自由に行き来しながら育っている。

「マリウスには、私がショーをやっているときは、いつもそばで自由にさせているの。彼がショーに参加したくなったら、いつでも参加できるように、マリウス用の小さな古いトランクを準備して、そこにいろいろな小道具を詰めてあるのよ。ねぇ、マリウス、トランクの中を見せてあげて」

マリウスが、少しはにかみながらも、自慢げにアンティークのトランクを開けて中を見せてくれた。小さなトランクの中には、変身用に船長帽やパイプ、付け髭や眼帯、ボーダーのＴシャツやポスター、イルカの着ぐるみなどがぎっしり詰まっている。

「マリウスは家にいるときも、そのトランクをいつも傍らに置いて、遊びながら何かを演じたり歌ったりするのを楽しんでるのよ。いつかマリウスと一緒に、ショーやパフォーマンスをやれたらすごく楽しいだろうな」

ノスタルジックなイチゴの壁紙はマリアがはった。

外テーブルは、マリアとマリウスのリビングルーム。

マリアは「ブルネットシスターズ」というパフォーマンスグループに所属して、仲間たちと一緒にデンマーク各地やヨーロッパを旅しているという。その活動の合間に、小さなキャラバンでの生活を整えていて、床に板をはったり、収納棚を作ったりと、工夫しながら暮らしを大いに楽しんでいる。テラコッタの植木鉢を2つ組み合わせて、中にキャンドルをともしてつくる小さな暖房のシステムもこのあいだ自分で考案した。

「だけど、不便なのがトイレ。ここの森には住民以外ほとんど誰も入ってこないから、自分で作った簡易的なものでも、なんとかやっていけてるんだけど。トイレも早く完成させたいわね」

「自分が持っていないものより、持っているものを。自分ができないことを数えるより、できることを数えて感謝するの」

そう話しながらも、おもしろい顔をしておどけるマリア。マリウスが楽しそうに笑う。そんなマリアのことを、クリスチャニアのみんなが大好きで、今ではすっかりクリスチャニアを代表する若い顔の一人になっている。

「冬が来る前に、パフォーマンスの仕事であたたかいスペインに移動するの。森の葉っぱが黄色に色づいたら出発のサイン！」

パンパンに詰め込んだ古いトランクを手に、マリアとマリウスが旅に出る姿を想像してみた。口笛を吹きながら、小さなキャラバンを後にするマリア。きっとこの森は、春に2人が戻ってくる日を心待ちに、マリアの口笛に耳を澄ませて待っているだろう。

ニナ、フリーダ、ナオミ、マリア。クリスチャニアで出会った彼女たちは、「人生を楽しむこと」と、「社会をよりよくすること」の両方に向かう意識がとても自然で、彼女たちにとってそれは、どちらも同じくらい大切なもののようだった。

政治的なこともみんながよく話をしていて、それぞれの国や地域でどんなことが起きているのかを共有したり、自分たちが次世代のために、どんな未来を築きたいのかを話し合ったりしている。アーティスティックな感性を携えながら、自分が暮らすコミュニティーに参加し、地域や社会に責任を持っている。その感性は、とても創造的で成熟しているように感じた。

「はじまりのうた」

クリスチャニアよ
わたしの心を捧げよう
ここがわたしの求める場所
ここがわたしが生きる場所
世界中のどこにも
この自由は みつけられない

わたしたちはここで共に成長する
この与えられし日々と
クリスチャニアに
喜びと祝福を
そして我らクリスチャニアの旗を
大きく掲げよう

クリスチャニアのフリーダムソングより
アニー・ヘルバード作

"The beginning song"

Christiania, you have my heart
this is where I want live
this is where I can live
'cos in all my world
I never found
the freedom

You have given
here we grow
joy and celebration
on any given day
and for you Christiania
we hoist our flag

From christiania's song of freedom by Anni Hedvard

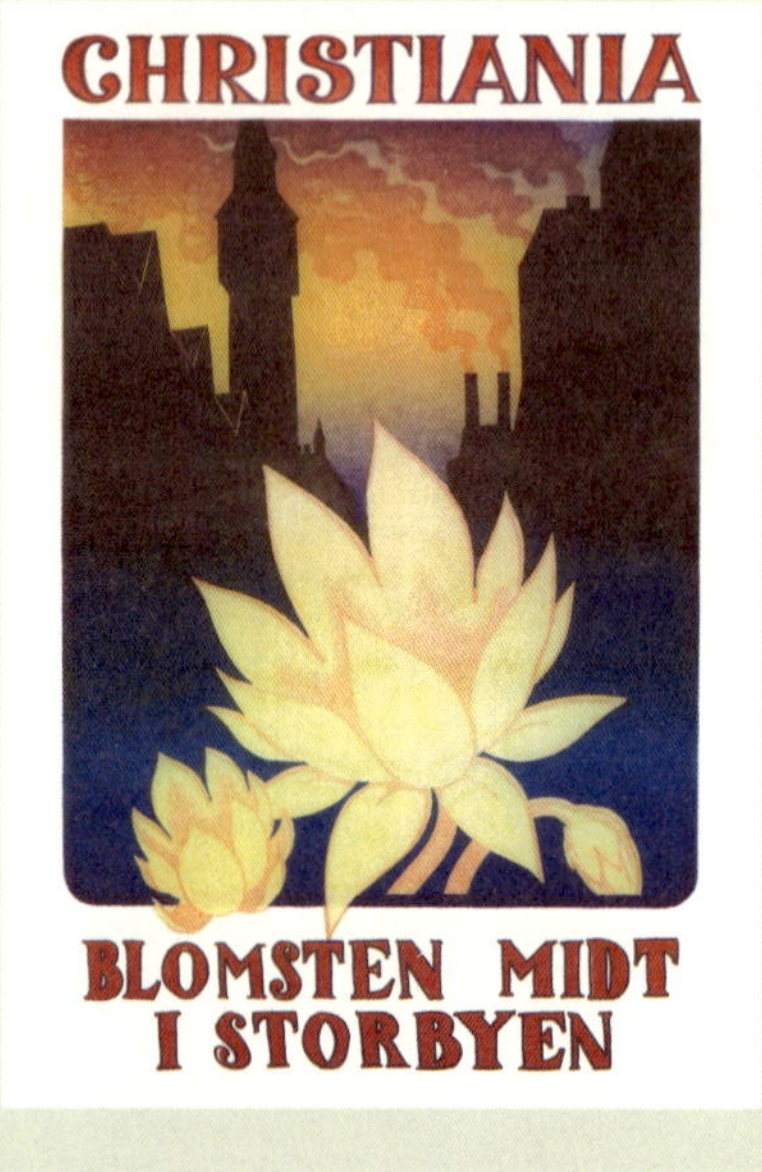

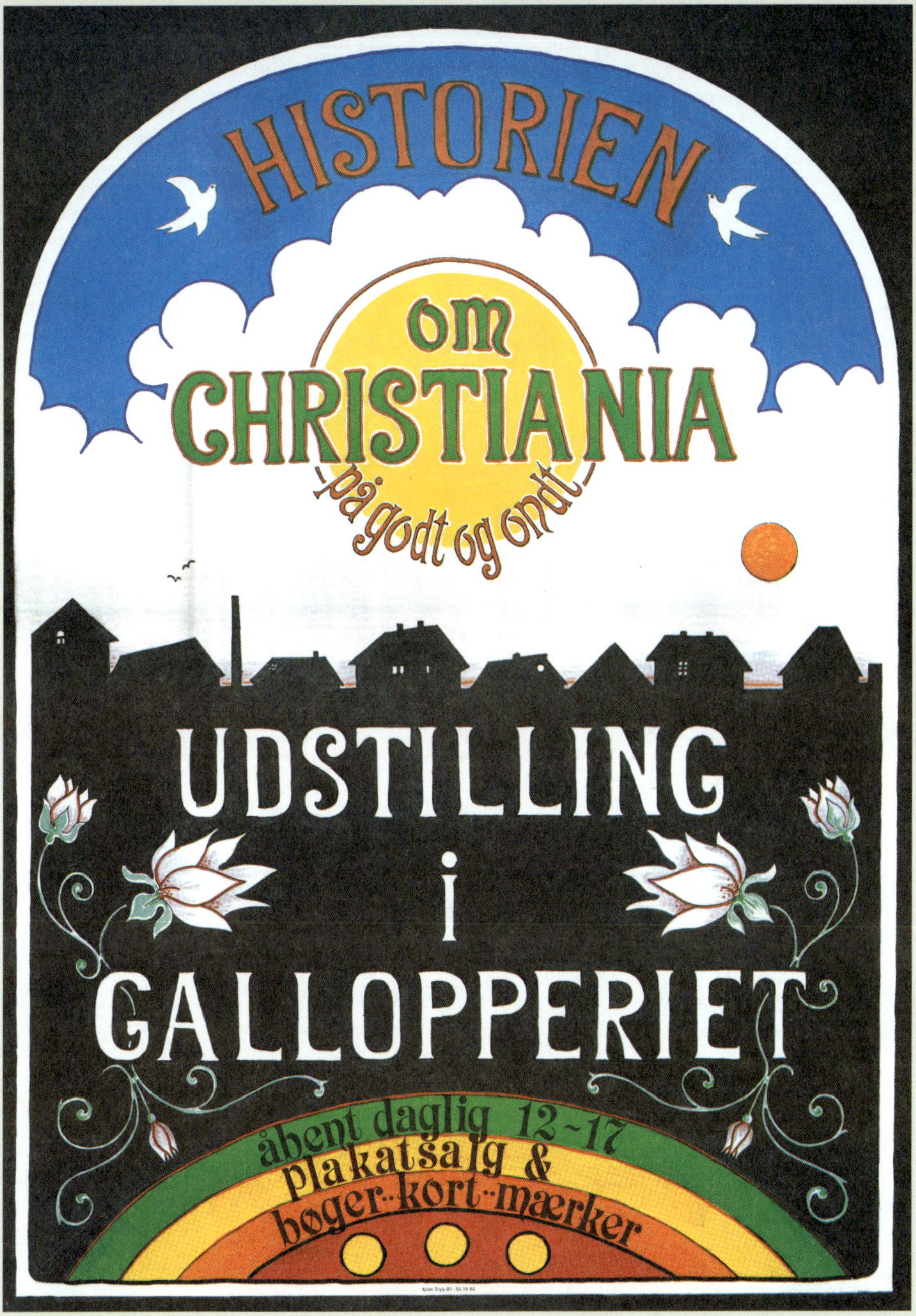
HISTORIEN
om
CHRISTIANIA
på godt og ondt
UDSTILLING
i
GALLOPPERIET
åbent daglig 12~17
plakatsalg &
bøger··kort··mærker
Krim Tryk 01 - 54 19 54

クリスチャニアのはじまり

それは1971年。空き家のまま廃墟になっていた軍の兵舎にヒッピーたちが移り住み、アート活動をはじめた。その後、徐々に人が増え、占拠したのがクリスチャニアのはじまりだった。

70年代、ベトナム戦争や経済社会の闇に抗うように多くの若者たちが反戦と平和の旗を大きく掲げ、そのムーブメントは世界各地に広がって、コミューンやコミュニティーがたくさん生まれた。けれど数年後には、その多くが夢から覚めたように自然解散していく中、クリスチャニアは40年以上自治区として存続してきた。

80年代には、土地を取り戻そうとする政府が要請した警官隊と住民の銃撃戦や、住居の取り壊しなどがあり、そのたびにクリスチャニアの住民が団結して抵抗し、危機を乗り越えてきた。クリスチャニアの存続を願う活動家たちや一般市民も応援に駆けつけた。そう、なんといっても世論が彼らの味方だった。画家やミュージシャン、作家などのアーティストや文化人にとっても、クリスチャニアの存在は、文化と自由、人間賛歌のシンボルであり続けてきたのだという。

1990年には、もうこれ以上建物を建てないこと、人口を増やさないことで政府と合意して、存続の道筋ができた。その後、20年経った現在は、住人たちも歳をとり、子どもも増え、新たな住宅のあり方の提案や議論がはじまっている。

そんなクリスチャニアには決まりがある。

暴力禁止、武器の持ち込み禁止、犬を鎖につなぐのは禁止、自治区への車の乗り入れ禁止、ハードドラッグ禁止(持ち込むのももちろん禁止。ただしマリファナは解禁。＊もちろんデンマーク政府は認めていない)。

クリスチャニアとカナビス

デンマークでは、マリファナ(カナビス)は違法とされているが、クリスチャニア内での販売を政府は黙認。クリスチャニア内でのマリファナ販売は、すべて外部のプッシャー(販売人)といわれる人々の管轄だ。販売の場所代、ひいては収益からも、住民もクリスチャニアも利益を得ていない。また、プッシャーはクリスチャニアには住めないルールがある。

クリスチャニアには、「カナビス(プッシャー)ストリート」の対応を管轄にしているチームもあり、政府や警察、プッシャーと住民とのあいだに入って、問題解決や交渉を行っている。

ここ数年は、医療用のマリファナも含めて、合法化にたくさんの議論が交わされている。マリファナを合法化することによって、マフィアがマリファナに関われなくなるメリットがある。ブラックマネーをクリーンマネーに変容させようというのだ。マリファナの毒性や常習性などは、ハードドラッグとは一線を画し、アルコールのほうが常習性があるというのが、こちらでの常識となっている。

アメリカの各州のマリファナ合法化もあり、どうせ規制してもしきれないのなら、いっそ国の管理のもと正規の店が販売して、そこから得られた税収を教育やハードドラッグ撲滅などにあてようという動きも出てきているそうだ。世界中からも今後の成り行きが注目されている。

住民が支払うもの

住人はクリスチャニアに「ソサエティーマネー(クリスチャニア税)」を払っている。家の広さによって多少の差はあるそうだが、18歳以上のすべての住民は、月約2000デンマーククローネ(約35000円)を支払う。住民は、自分で建てた家を持っていたとしても、クリスチャニアの「土地は誰の所有物でもない」という理念のもと、誰も土地を所有していない。ソサエティーマネーには、家賃が含まれている。

水道が壊れた、窓が開きにくい、電気系統がおかしいなど、家の修理は、クリスチャニアのコミュニティーオフィスに電話すると、すぐに直しに来てくれる。こうした住民の家にかかる修繕費(家の改装費などは別)やクリスチャニア内の清掃費やゴミ処理費、子どもたちのための「ナーサリー」という保育所と幼稚園、アフタースクール(*)と呼ばれる施設運営費、クリニックやコミュニティーの各オフィスの運営費、クリスチャニアファンドの運営費などもすべて、ソサエティーマネーから賄われる。

クリスチャニアには美しい馬たちも暮らしている。

含まれていないものは、電気・水道代。2000年ごろまではクリスチャニアが自治区として全体の使用量をコペンハーゲンの水道会社と電気会社に支払っていたが、現在は各家で住民が使用した分だけ支払うようになっている。

クリスチャニアには、クリスチャニアファンドというおもしろいシステムもある。これはクリスチャニアにみんなが毎月納めるソサエティーマネーから予算組みが行われているもので、住民が受けられる融資のシステムのことだ。たとえば住民に家族が増えて、家を建て増ししたいとする。その費用の融資を、クリスチャニアファンドに願い出ることができる。コミュニティーミーティングで認可が下りれば、融資を受けることができ、ほかの銀行よりも低金利で借りることができる。万が一、住民が返済途中でクリスチャニアから離れることになっても、完済する必要はない。次に暮らす住民が返済をする仕組みだ。

ところで、高福祉国家であるデンマークでは、国民の支払う税率は約50パーセント。自治区であるクリスチャニアの住人は、自分の住所を置く地域に支払うような税金を納めていない。所得税や消費税に関しては、クリスチャニア外で働いたり、買い物したりする場合は支払っているが、クリスチャニア内の場合はバラつきがある。だが、税金で運営されている教育や医療などのさまざまなサービスは受けられる。そこにデンマーク国民の不満はないのだろうか。

そこのところが知りたくなって、いろんな人に聞いてみた。すると、「いろんな人がいるから、いろんな生き方があっていいと思う。僕は行かないけど」「よいレストランがあるのよ。それに家もかわいいのよ」など、頑固そうなおじさんやおばさんから若い人まで、ほとんどの人々が、どちらかというと好意的な印象を持っているようだった。それどころか、クリスチャニアを潰そうとする政治家は、次の選挙で勝てないとまでいわれている。独自の文化を生み出してきたクリスチャニアを人々はどこか誇りに感じていて、大切にしているような印象を受けた。

*「アフタースクール」共働きなどで両親が自宅にいない子どもたちが、放課後に行ける場所。小学校からはコペンハーゲン近郊の学校に通っている子どもが多い。ホームスクーリングの子どももいる。

クリスチャニアの運営方法

ボスを持たないクリスチャニアでは、ここに暮らす、すべての成人約650人と200人の子どもたちが、ローカルコミュニティー（地域）の発展のために行動し、住民の暮らすエリアとその環境へ共同の責任を持つことが求められる。そして個々の人生と住居に責任を持つ。

住民によるエリアごとの話し合いは、草の根運動を強化し、その基盤づくりをともなっている。こうした環境は、新しい創造的なアイデアの誕生や、社会の発展を導くものとなる。同意を得ることと民主主義は、同意が得られるまで何度も議論が重ねられ、時間がかかり、方針が決まるまで、ときに

街角に掲げられたクリスチャニアの地図。

川辺に点在する個性豊かな家々。どこを切り取っても絵になる光景。

みなが疲労困憊《こんぱい》してしまうが、現在まで住民の手によって運営されてきた。

ミーティングでは、すべての住民が平等に意見を届けることができる。住民一人一人がコミュニティー全体に責任を持ち、決定事項に関わる権利と責任を持つ。

クリスチャニアでは大きく分けて4つのミーティングが行われる。

◎コミュニティーミーティング(地域会議)

クリスチャニアの最高権威は、コミュニティーミーティングだ。ここでは、クリスチャニア全体に影響を及ぼす問題が話し合われる。コミュニティーミーティングには、クリスチャニアのすべての人が出席し、意見を述べることができる。そして住民はこのミーティングでの決定に従う義務がある。

◎エリアミーティング(地区会議)

クリスチャニアは、大小14の異なる地域に分かれている。10人ほどが暮らす地区から、大きな地域になると80人以上の人々が暮らしている。この会議では、地区の開発や改修の優先順位をつけ、地域の新しいプロジェクトや住民の家の修繕、新しい住民の承認、地域間の問題を解決する。問題が解決しない場合、コミュニティーミーティングに議題を持ち込むことができる。

◎予算ミーティング

コミュニティー全体の予算を決定する。一般的にミーティングは月に1回。予算を設定するコミュニティーミーティングでディスカッションを行い、施設の修繕、デイケア、医療費、清掃費、クリスチャニアの住民への家の改築などの融資額など、クリスチャニア内のさまざまな予算を決定する。

◎会計ミーティング・経済ミーティング

月に一度開催され、4人の地区会計担当者と1人の経済オフィスの代表者で行われる。会計ミーティングでは、それぞれの地区の収支が報告され、経済ミーティングには、クリスチャニア内でビジネスを営むすべての商業機関とコミュニティーから融資を受けている人々も参加する。クリスチャニアのすべての経済活動と発展について話し合いが持たれる。

取りまとめて行うもの

クリスチャニアには大きく分けて5つのオフィス(事務所)があり、各オフィスもそれぞれミーティングで話し合いながら、住民の同意を得てプロジェクトが進められていく。

◎経済オフィス

3人の会計担当者が、共同資金の日々の運営を行う。電力と水の支払いや、予算ミーティングのプレゼンテーションも担当する。

◎企業団体オフィス

クリスチャニアで商業活動を行う80以上の企業を支援、刺激する目的を持っている。ここでは、企業との権利契約とクリスチャニアの共同資金への支払いについてのミーティングが行われ、すべての企業の代理人と会計担当者が参加する。

◎建築オフィス

クリスチャニア内で行われる共同建築と、土木工事の仕事を受け持つ。建築ミーティングでは、計画段階とすでに実施中のプロジェクトの両方が議論される。ミーティングは毎月1回開催される。

◎交通オフィス

コペンハーゲンの地元当局とクリスチャニアのあいだの、車の駐車場問題などを話し合っている。

◎交渉オフィス

デンマーク政府とクリスチャニア住民のあいだに立ち、さまざまな交渉を行う。政府間で話し合われたクリスチャニアの土地の買い上げ問題も、担当グループが結成されて交渉を行った。コミュニティーミーティングで最終的な結果が出る前に、エリアミーティングに交渉内容を伝える役割も持っている。

Map of Christiania

クリスチャニアの歴史を知る者

リビングとその奥へと続く書斎の壁は本棚になっていて、天井まであらゆる本でぎっしりと埋め尽くされている。壁には抽象画の絵画や絵はがき、ネイティブアメリカンの装身具の一部や、持ち主にとって特別な意味を持つであろう羽根や石が部屋のあちこちに無造作に飾られていた。テーブルには読みかけの新聞に資料の山、飲みかけのコーヒーが入ったマグカップ。

クリスチャニアのアーカイブ（これまでの歴史）をまとめている歴史家ウル・ルーケの暮らすその家は、雑然としているのになぜか穏やかな気品があった。部屋は彼の深い精神性や知性を物語っていて、長身で銀髪のウル・ルーケ自身も、その部屋のようにとても美しい人だった。

「僕がここにやって来たのは1976年。コペンハーゲンで母親と一緒に暮らしていたんだ。クリスチャニアは家のすぐ近くだった。だけど、クリスチャニアには近づこうと思わなかった」

そんなある日、ウル・ルーケがクリスチャニアに出合う日がやって来る。

「当時、コペンハーゲンの演劇グループに参加していて、劇中で使う衣装を、クリスチャニアの演劇グループに借りにやって来たのがきっかけさ。すぐに友だちがたくさんできたよ。クリスチャニアは5年目を迎えていたときだった。若い僕にとっては、すごく刺激的でおもしろい場所だったんだけど、当時クリスチャニアは、ヘロイン、コカイン、ハードドラッグの問題が深刻化しているときだった。

クリスチャニアに通うようになってから、僕はクリスチャニアの様子を写真に残しはじめた。そして撮りためた写真でドキュメンタリーを制作したんだ。そのドキュメンタリーはヨーロッパ各地で上映された。自治区クリスチャニアのことは、すでにヨーロッパ中に広まっていて、たくさんの人々が興味を持っていた」

「当時のハードドラッグの問題は、どんどん加速していく一方だった。１９７８年から７９年の１年間に、ヘロインで10人が死んだんだ。10人もだ。それは大きな衝撃だった。たしか、半数はクリスチャニアの住民で、残りの半数は外から来ていたやつらだった。このヘロイン問題は、放っておけないみんなの問題になっていた。その秋、クリスチャニアが主催したハードドラッグ問題の意見交換会が行われて、デンマーク中から約２０００人が集まったよ。４日間に及ぶ意見交換会で人々は、自分が抱えている問題や、どうしてドラッグを使うようになったか、なぜやめられないのか、いろんな話を分かち合ったんだ。そして、クリスチャニアとしての決断は、ハードドラッグを禁ずることにした。ハードドラッグをやるなら、ここを出ていかなければならない。ここに残りたいなら、ちゃんと治療して、また戻ってきたらいい。

この意見交換会が終わった後も、広場には２つの大きな火が焚かれて、その火を囲んでみんなが話し合ったんだ。２つの火は夜通しで焚かれた。大勢の人々が、その火の前で素直に自分のことを語りはじめ、この先のことを語り合った。話す側にも聞く側にも、なんのジャッジもない。なぜならここはクリスチャニアだからだ。そして、約60人がハードドラッグ依存症を治療するための施設へ行くことを決めた。約１００人は、クリスチャニアを去ることにした。彼らはハードドラッグをやめる決断

ネイティブアメリカンの解放運動にもデンマークから関わっていたという、歴史家ウル・ルーケ。

はできなかったんだよ。これがハードドラッグを禁止する法ができた当時のエピソードだ」

当時のことを振り返りながら、淡々と語るウル・ルーケ。

「この後、クリスチャニアに流れるエネルギーが大きく変わった。創造的なよいエネルギーが人々のあいだに生まれはじめたんだ。そのエネルギーに惹《ひ》かれて、新しい人々がクリスチャニアにたくさんやって来た。クリスチャニアの誕生から約10年、１９７０年代は、クリスチャニアがこの先どうなるかは誰にも予測できなかった。いつ崩壊してもおかしくはなかったから。だが、１９８０年代に入ると、クリスチャニアに『よいエネルギーの兆し』みたいなものが生まれはじめた。『もしかしたらクリスチャニアを存続させていくことができるかもしれない』と、誰もが実感として感じはじめたんだ。そうして、僕はとうとうクリスチャニアで暮らすことを決めたのさ」

その話をしながらウル・ルーケの瞳が輝いたように感じた。クリスチャニア誕生の当初に人々が感じた、はじまりのエネルギーと輝きが、約10年の歳月を経て、よりリアルなものになって戻ってきたというのだ。歴史家として、このクリスチャニアの歩みを見つめてきたウル・ルーケ。おもむろにポケットから、一枚のコインを出して見せてくれた。初めて目にするものだった。

「これは、クリスチャニアの地域通貨。以前クリスチャニアでは、独自の経済システム構築へのチャレンジをスタートさせた。クリスチャニアが目指した経済の流れは、デンマーク社会のシステムから解放されたここ独自のものであり、リサイクルや持続可能なもの、地域に根ざしたもの。消費社会とは違う流れのものだ。１９９７年のことだよ。

これは『ウェッジ』と呼ばれるコインで、コイン一枚は約50デンマーククローネ（約８８０円）の価値があったんだ。コインは銅と真鍮で、年ごとにカタツムリ、クリスチャニアバイク、太陽などのデザインが刻印された。コレクター用に銀のコインも造られて、その収益が、これらのプロジェクトの資金を賄っていた。

この地域通貨は、クリスチャニア内の飲食店や店、企業などで使うことができた。クリスチャニアで働いた賃金もこの地域通貨で支払われていた。土産物としても売られて、その収益はクリスチャニア地域通貨基金に集められ、クリスチャニア内で使用される持続可能なよきことのため、たとえばクリスチャニアの森林の保護や、新しいプロジェクトへの予算や、子どもたちのための予算へと振り分けられた。残念なことに、今はもう、ほとんど使われていないのだけれど」

地域マネーの試みは、大都会コペンハーゲンのど真ん中に存在するクリスチャニアにとって、大きなチャレンジだったはずだ。クリスチャニアの外で仕事をしている住民も多く、給料の支払いはデンマーククローネだ。

「おまけにここには、カナビスマーケットもあって、そのエネルギーはクリスチャニアが目指した経済の流れとは相反するものだ。うまく循環するまでにはまだ時間がかかる」とウル・ルーケ。

「いろんな変化を遂げているクリスチャニアだが、はじまり以来クリスチャニアにリーダーはいない。ここでの決め事は、すべてミーティングで話し合われて、住民の過半数以上の賛成で可決される。

よき隣人たちが暮らし、あらゆる意味においてクリスチャニアは、いまだに世界でも稀《まれ》に見る極めてユニークで特別な存在なんだ。だからこれからも、クリスチャニアからは目を離すことはできない。ここを見つめ続けていくよ」

クリスチャニアで、彼のことを知らない人はいない。歴史家として、クリスチャニアの歴史をまとめ、研究するウル・ルーケは、クリスチャニアを語る人物として、国内外の新聞やマスコミのオファーを受ける。それは、ここでのウル・ルーケの役割ともいえる。クリスチャニアには、彼のように、さまざまなバックボーンを持つ個性豊かな役者たちが勢ぞろいしていて、そんな彼らがずっと関わりたいと願うクリスチャニアの魅力は、ここを存続させてきた住民たちの存在そのものでもあると感じずにはいられなかった。

クリスチャニアを支えてきたもの

アルバートとの初めての出会いはコペンハーゲンにある「アリス」というスケーター御用達のショップにて(その後クリスチャニアに店は戻った)。そのオーナーでもあるアルバート。彼を子どものころからよく知る人物の言葉を借りると、「暴力を使わずに、人としての魅力で人々を率いるロビンフッドみたいな存在」なんだそうだ。

彼はクリスチャニアと共に育ち、存在自体がクリスチャニアハートそのもの。家族が増えて手狭に

バナナハウス（P. 2）のキッチンの窓は星の形。壁に掛けられた写真に写るのは、伝統的な衣装に身を包む、旅する大工たちの姿。

なったことから、今はクリスチャニアを出て、外で暮らしている。それでも、彼のここでの存在感は大きく、尊敬と信頼を集めている。いいコミュニティーには、こうした人望の厚いキーパーソンが必ず存在する。アルバートは間違いなく、そのキーパーソンの一人である。

「クリスチャニアがなぜ40年も存続してこられたかって？　それは俺たちやここで暮らす住民たちが本気で戦って守ってきたからだよ」

いつもおどけているアルバートも、クリスチャニアのことを話しはじめると表情に威厳がただよう。これまでには、軍や警官隊との銃撃戦などもあったそうだ。催涙弾が投げ込まれ、銃弾が打ち込まれ、騒然とした通りの様子が目に浮かぶ。そのたびに、クリスチャニアの住民も応戦し、コペンハーゲン中はもとより、国中からクリスチャニアの存続を求める人々が抗議行動に加わったのだそうだ。世論も国の武力的な制圧を許さなかった。

クリスチャニアバイクにまたがって、あちこち案内してくれるアルバート。

「ここはいいところだろう！　クリスチャニアを体験する初日は、ぜひ今日みたいによく晴れた日に来てもらいたかったんだ。太陽の光が輝いて、一番きれいに見えるからね」と嬉しそうに目を細める。

実は、アルバートとのクリスチャニア散策の約束は、曇りや雨で数回キャンセルになってしまった。待ちに待った今日は、朝から晴天！　ということで、やっと実現したものだった。

一緒に道を歩いていると、年配者から若い男の子までみんながアルバートを見つけては声をかけてくる。その都度、熱いハグとおしゃべりで大賑わいだ。その場に笑顔が広がる。

「アリス」はクリスチャニアだけではなく、世界中にその活動を広げている。トゥクトゥクというインドの三輪バイクを走らせて動画配信し、基金を集めて、かつてスケートボードパークをクリスチャニアにつくったように、インドやチベットにもスケートボードパークをつくるプロジェクトを行っている。

ローカルヒーローのアルバートは、こうしてこれからも彼の人生すべてで、この愛してやまないクリスチャニアや社会に関わり続けていくのだろう。

クリスチャニアの転機

「ここはね、どんな人種でも、ヒッピーでも、お金持ちでも、貧乏でも、ジャンキーでも、みんなが自由で平等なの。みんなに居場所があり、どんな格好をしてもいいのよ。どんな人でも受け入れるの。どこにもなじめない人でもね」

そう熱っぽく語るパメラは、8年前にここに移り住んできた。フリーランスのヨガティーチャーでありDJでもあるパメラは美しく、ファッショナブル。パートナーはアダム。2人は、6歳になる愛娘ヴィラの子育てをしながら、クリスチャニアとのつながりを深めて暮らしている。2011年、カ

どれ一つとっても同じデザインの家はない。そのどれもがセルフビルドで造られているというから驚きだ。

アルバート率いるスケートボードチームは、世界ランキングで常に上位。自慢のスケートボードパークで微笑むアルバート。

ナビスストリートに、美味しいコーヒーが飲めるカフェをオープンさせた。

「クリスチャニアは大好きな場所なんだけれど、なぜか美味しいコーヒーが飲めるカフェがなかったのよ。だったら、自分たちでつくってしまおうってことになったの」

パメラはニコニコしながら、「うちのチーズケーキを食べてみて。すごく美味しいの。彼が焼いているの。彼のアメリカのお母さんのレシピなのよ」。マッチョで強面のスキンヘッドの店員のお兄さんがコーヒーをサーブしながら大きく頷《うなず》いている。

「私ね、いろんな国やいろんな場所に住んだんだけど、ここが一番好きよ。住人はみんなここを愛していて、ここで暮らすことにみんなが責任を持っているの」

パメラによると、2011年にクリスチャニアの存続をかけて大事な話し合いがあった。首都コペンハーゲンの中でも一等地であるこの土地を、国は当然のことながら喉から手が出るほど欲しかった。常に「土地を返却するように」と勧告され続けていたのだ。そこでクリスチャニアの住人は、自分たちの手でこの土地を国から買い取ろうと立ち上がったのだ。不法占拠して、自治区にはなっていたけれど、「土地の所有は国にある」と認めて、土地代を払うことで国の立場も尊重し、平和的な解決を図った。

その話し合いをするために、コミュニティーとして1971年にはじまって以来、40年間ただの一度も閉めたことがなかったクリスチャニアの門を、初めて3日間にわたって閉めた。クリスチャニアが大好きで毎日通ってくる人もいるし、鎮痛剤としてマリファナを買いに来る人もいる。「門を開けろ！」とパニックになった人も少なくはなかった。

そこで、クリスチャニアにあるすべての門の前に、女性たちが手作りのケーキとあたたかいコーヒーを準備して、「今、門を閉めているのは、私たちクリスチャニアの住人にとって、とても大切な話し合いをしているから。話し合いが終わったら、必ず門を開けるから待っていてください」と訪れる人たちに説明したのだそうだ。

「とうとう解決法が見つかって、話し合いが終わったの。門を開ける時が来たわ。クリスチャニアのすべての門に、ここの住人の子どもたちが、訪れた人々みんなに花をプレゼントしたの。『Welcome home』って言ってね」

土地を買い上げるにあたって住民が決めた方法は、素晴らしいものだった。

クリスチャニアの証書を作って、一口100デンマーククローネ（1750円）で販売する。もちろん住民も買うが、クリスチャニアを応援したい誰もが購入することができる。「クリスチャニアシェア」というものだ。収益は、国から土地を買い取る資金にあてられる。

「私はいつでも、この世の中で起こっていることに対して問題意識を持っていたい。だけど、それを解決するのに暴力的なのは嫌なの。平和的に対話と理解を持って、向かい合いたいのよ」

上：窓から、川や夕日を眺めることができるパメラとアダムのベッドルーム。　下：パメラの小さな祭壇。

後日に訪れたパメラとアダムの
川沿いの家にて。愛娘ヴィラと一緒に。

そう語るパメラ。子どもたちが通う保育園やアフタースクール、地域の情報が詰まったクリスチャニア新聞のことなど、話は尽きない。

進化するクリスチャニア

そこに仕事を終えたアダムがフラリと現れた。大柄で、見るからにタフそうなアダムは、パメラの夫であり、カナビスストリートのスポークスマンでもある。黙っていると強面だが、一度話しだすと、クリスチャニアへの熱い想いがあふれ出す。大工が本業で、地域の土木工事から建物の修繕や建築など、クリスチャニアのコミュニティーに長く貢献してきた。住人からたくさんの尊敬を集めている。スケーターショップ「アリス」がクリスチャニアに戻ってこられるように後ろでバックアップしたのもアダムだ。

持続可能な社会を目指す自治区クリスチャニアに、カナビスストリートが存在することについて、カナビスストリートのスポークスマンという立場であるアダムから話を聞いた。

「カナビスストリートの存在は、住民たちからも賛否両論がある。カナビスストリートがあることによってクリスチャニアが存続してこられたこともまた、クリスチャニアの現実なんだ。

知ってのとおり、アルコールの抱える問題は大きい。アルコールは違法ではない。ハードドラッグときたら問題は桁《けた》違いだ。カナビスは、アルコールやハードドラッグと違って中毒性が低い。カナビスをクリスチャニアから締め出したとしても、コペンハーゲンのどこかのストリートでハードドラッグと一緒に必ず売られることになる。なぜならハードドラッグもカナビスも、それを販売しているのはマフィアだからだ。カナビスストリートがクリスチャニアにあるから、まだこの秩序が保たれているともいえるんだ。その場所に『アリス』が戻ってきたのは大きなことなんだ」

実際、私たちもそう感じた。「アリス」があの場所にあることは、大きな安心感だった。

「そう！　そうなんだよ！　そう感じてくれて嬉しいよ。それを俺はずっと言っていたんだ。『アリス』に出入りするやつらがカナビスをよく吸うって理由で、カナビスに否定的な住民からの反対意見も多かったんだが、それでも俺は『アリス』をここに戻すことをあきらめなかった。彼らの存在がカナビスストリートにあるだけで、ここのエネルギーが全然違うだろう！」

声が大きくなって興奮気味なアダム。

「デンマークでのカナビスの合法化もクリスチャニアから働きかけている。カナビスが合法化されたら、カナビスマーケットは国の管轄になる。法的に認められたカフェなどで販売されるようになれば、今までマフィアに流れていた金は浄化されることになる。合法化して税金をかけ、その税収をハードドラッグ撲滅や人々のために使えばいい。すでにアメリカのいくつかの州でも認められている。

カナビスから特殊な方法で採取されるカナビスオイルは、癌《がん》やエイズの治療に大きな効果があることも発見されている。カナビスが違法なために、このオイルもまだ高価だが、合法化されることによって、カナビスオイルが市場にもっと出てきやすくなるんじゃないかといわれているんだ」

「デンマークでカナビスが合法になった場合、カナビスがまとっていた暗い闇のようなエネルギーからも解放されるんじゃないかしら。お金の流れも変わるでしょ。それに私の周りの意識が高い友人たちは、カナビスやタバコ、お酒すらも必要としない人々のほうが多いくらいよ。人々の意識は日々進化しているわ」そう言って微笑むパメラ。

清濁、両方のエネルギーをあわせ持つクリスチャニア。いろんな問題を同時に抱えながらも、住民たちの手によって、いつも前へ前へと進んでいる。クリスチャニアが次のステージに入るのはいつごろのことだろうか。それはすでに緩やかにはじまっているのかもしれない。

「デンマークで生まれた俺たちは、本当にラッキーだ。税金は高いが、社会保障は素晴らしいよ。教育も望めば、みんなにそのチャンスが平等に与えられている。次に生まれ変わったとしても、俺はまたデンマーク人として生まれたい。そう思えるくらいデンマークという国が好きだ。

だけど、ここクリスチャニアは特別なんだよ。住民が自分たちですべてに責任を負いながら、保ち、発展させていこうという場所なんだ。ここにリーダーはいない。アナキストの国だ。こうしたいと誰かがアイデアを出し、コミュニティーが認めたら、そこでプロジェクトが生まれる。誰しもがここに関わることができるんだ。クリスチャニアは、デンマーク、コペンハーゲンのど真ん中の奇跡のよう

クリスチャニア36周年記念ポスター。

な場所なんだ。本当におもしろいよ。ほかを探してもどこにもないんだ」

アダムの熱っぽい言葉を聞きながら、クリスチャニアを存続させてきた人々の奮い立つようなエネルギーを改めて感じていた。

これからの目指す道

ハンドルの前の大きな荷台がトレードマークのクリスチャニアバイク。小さな子どもを乗せたり、荷物を運んだりと、よりサスティナブルな社会を求めるデンマーク国民からこよなく愛される自転車は、ここクリスチャニアで生まれた。クリスチャニアやデンマーク中の街中で、みんながこのクリスチャニアバイクを自分らしくペイントしたり、カスタマイズしたりして乗っている姿は、デンマークの象徴のよう。今やクリスチャニアバイクは世界中に輸出されていて、クリスチャニアにはなくてはならない顔の一つとなっている。

そんなクリスチャニアバイクの工房とオフィスをある朝訪ねた。古い石造りの外観に、創立40年以上が経過した老舗の風格すら感じる。「Christianiabikes」という看板が誇らしげに掲げられ、エントランスにはいろんなタイプのクリスチャニアバイクが整然と並んでいる。

現在、ここでマネージャーを務めるレシンガ。あたたかい笑顔で迎え入れてくれたレシンガは知的な印象で、穏やかで落ち着いた雰囲気を持つ。

「クリスチャニアバイクは、クリスチャニアが生まれた次の年、1972年に誕生したんだ。クリスチャニアのはじまりのころ、理念として掲げていたことが、車を使わない社会だったんだ。車に代わって、交通手段として選ばれたのが自転車だった。好都合だったのは、自転車はクリスチャニアの中だけじゃなくて、コペンハーゲンでもデンマークの誰もが必要なものだったということ。

ある日、創業者のラス・インスランが、自転車のハンドルの前に大きな箱を取り付けることを思いついたんだ。そして1984年、このクリスチャニアバイクの原型になる最初のモデルが完成した。ラスは、奥さんの誕生日にその自転車を完成させたんだ。奥さんはもちろん、とても喜んだ。そしてラスが奥さんにプレゼントしたその日のうちに、その自転車に乗る奥さんを見かけた人たちから、『なんて素晴らしい自転車なんだ！　私にも同じ自転車を作ってほしい』って、2台もオーダーが入ったんだよ。こうして大きな箱がトレードマークのクリスチャニアバイクの歴史がはじまった。

雨や冬の雪など、一日に何度も変化するデンマークの天候に対応できるモデルへと改良が重ねられていった。よりよい製品開発への成功へと導いたのは、クリスチャニア内の砂利道や整備されていない道でも安心して走れる、頑丈で強い自転車が求められたことも大きな要因の一つだった。

今、生産はデンマークの東側の島、ボーンホルム島に工場を移して、そこですべてが製作され、ニューヨーク、パリ、ベルリン、北欧諸国、オーストラリア、日本など世界中に輸出されている。このスタジオでは部品の組み立て作業が行われているよ。そしてここが、クリスチャニアバイクが生まれたオリジナルの場所なんだ。僕は、ここに来て2年になる」

「僕がクリスチャニアを訪れたのは、2002〜2003年ごろから。ちょうど大学で博士号を取得して卒業したころで、就職活動をする前に夏の休暇をとろうと思っていたんだ。そんなタイミングで、友人から『クリスチャニアのユースクラブのサマースクールで仕事してみないか?』って誘われた。最初はその話を断ったんだ。だってあまり興味がわかなかったし、僕が勉強してきたことは役にたちそうじゃなかったから。だけど、まぁ1、2カ月くらいだったらトライしてみてもおもしろいかもと思って、1、2カ月が1年となり、2年となったんだ。

クリスチャニアで最初に一緒に仕事をしたのが、パリケだった(*クリスチャニアの住人アウリの娘)。最初は、クリスチャニアのユースクラブで働いて、また別のユースクラブで働いた。その後、クリスチャニアの建築オフィス、経済オフィス、そして交渉オフィスで働いた。

当時、僕は住人ではなかったけれど、ここクリスチャニアには、毎日外からたくさんの人々がやってきて働いているんだよ。住民以外の彼らも、クリスチャニアがクリスチャニアであるために日々貢献して、その一部となっている」

「僕は4年前にここに引っ越すことを決めて、最初はコレクティブハウスに引っ越してきたんだ。そこには、パリケのほかに2、3人の若者が一緒に暮らしていた。だけど2年目くらいから少し難しくなってきた。僕には、9歳の息子と15歳の娘もいたから。毎日の朝まで続くパーティーや生活のリズムは、小さな子どもがいる僕たちのリズムとは違っていて。もちろん、いろんな人間がいるんだってことを知るには、そこでの暮らしは子どもたちにとって、とてもよいものだったけれどね。

川岸に佇《たたず》むクリスチャニアバイク。

その数年後、アウリの隣の家が空くことになって、僕は運よくそこのエリアに引っ越すことができたんだ。クリスチャニアでは近所の人たちが、誰を入居させるかを選ぶから、アウリの近所の人々が僕たち家族を選んでくれたのは、本当に幸運なことだったと今も感謝しているよ。子育てするには最高の場所なんだ。僕たち家族はそこで暮らして、もうすぐ2年を迎える。

クリスチャニアの好きなところとして一番に思いつくのは、車のない社会だということ。子どもたちが朝目覚めて外に駆け出していっても、交通事故の心配はしなくていいということなんだ。そして、人々の心が開かれているということ。子どもたちはいろんな人々から学んでいるよ。僕は、近所に暮らす人々をよく知っていて、子どもたちが彼らから与えられる影響の深さに、とても敬意を払っている」

レシンガ家族が暮らすエリアは、「チルドレンズエリア」と呼ばれる場所。広々とした原っぱと木々に囲まれた小さな保育園を中心に、色とりどりのかわいらしい家々が木々の中に立ち並ぶ美しいエリア。いつも子どもたちが裸足で駆けまわり、住民もテラスから小さな子どもたちをあたたかく見守っている。

「クリスチャニアで暮らすことの一つのチャレンジは、カナビスストリートが近くにあるってこと。少し前までは警官隊との衝突も頻繁だったんだ。催涙弾が使われたり、物々しい状態のときもあったりしたからね。最初に暮らしていたコレクティブハウスは、カナビスストリートにとても近かったから、それに比べたらこのチルドレンズエリアはとても平和だ。それでも、子どもたちは毎日のようにカナビスストリートの前を通るんだ。クリスチャニアには、両極端な世界がある。子どもたちはいろんなことを自然に学んでいくと思う」

クリスチャニアのオフィスでも働いてきたレシンガ。実際のところどうだったのだろうか。

「クリスチャニアには、住民の家の修繕や土木建築を担う建築オフィスや経済オフィス、コミュニティー内のミーティングを管理する本部機能などいろいろあるんだけど、教育に関してはまだ充分ではないんだ。デイケアセンター、ユースクラブ、アフタースクールはあるけれど、教育環境が充実しているかと聞かれると難しい。

僕が初めてユースクラブの仕事を引き受けたとき面接があって、子どもたちの保護者や何人かの関係者もいたんだけど、仕事が決まった後は、自分たちですべてなんとかしなきゃならなかったんだ。最初に一緒に仕事をしたパリケは当時18歳、僕は30歳、経験のない僕らが35人の子どもたちを預かることになった。ここにいたのは10歳から14歳までの子どもたち。学校が終わってからのアクティビティーがユースクラブなんだ。

最初は、誰かボスがやって来て、いろいろ教えてくれるんだって思ったよ。もちろん誰もこなかった！　完璧に僕ら次第だったんだ。3、4カ月かかって、ようやく手探りではじめていった。そんなわけでクリスチャニアでは、ほとんど自分たちで考えて、いろんなことを進めていく。すべてがそんな様子だった」

通りの向こうに見える塔は、救世主教会、
通称うずまきの塔。市内からクリスチャニアに
戻るときは、この塔がよき目印になる。

レシンガと奥さんのレベッカ。

「そして政府との交渉グループに加わったのが2、3年前。当時、クリスチャニアは大きな局面を迎えていた。クリスチャニアの土地を政府が返却するように要請してきていた。警官隊と住民たちとのあいだでいろいろな戦いがあったんだ。

交渉グループの仕事は、入り組んだいろんな内容を持ち帰り、それを住民たちのミーティングで説明する。そして、了解を得たり、どこが受け入れられてどこが難しいかを見つけ出したりする。書面でサインする内容は、どんなことが起こりうる可能性があるのか。妥協できるラインをどこに見つけるのか。それはそれは複雑で、とても大変な仕事だったんだけど、そのプロセスから僕はたくさんのことを学んだんだ。

とうとう政府とクリスチャニアのあいだで平和協定が結ばれた。クリスチャニアは、ここの土地を政府から買い取ることを選んだ。これは40年間存続してきたクリスチャニアにとっては大きな決断で、人々はこの協定にノーという可能性だって持っていた。今もここを買い上げるという決断への反対意見ももちろんあるのだけど、それでも、ここが消滅しなくて済んだということ。この合意案はクリスチャニアにとってよかったのではないかと思っている」

オフィスの電話が鳴って、対応にあたるレシンガ。コーヒーの入ったマグカップを手に戻ってきた。

「コペンハーゲンの真ん中のこの土地は水もいいし、環境も素晴らしい。土地価格ももちろん高い。でも、もっとも重要なのは、土地が高いとか安いとかの価格論争が、クリスチャニアの品位や威厳と引き換えになってはいけないということ。幸運なのは、クリスチャニアだけでこの土地の買い取りに臨まなくてもよかったということ。クリスチャニアのコミュニティーの哲学や精神性に賛同してくれている、住民以外のたくさんの人々がサポートしてくれているんだ」

こうした豊かな経験をもとに、今は経営者としてチャレンジを続けるレシンガ。クリスチャニアでビジネスを行うときは、どうするのだろうか。

「クリスチャニア内でのビジネスについて、店舗などの支払う家賃は、ユニークに決められているんだよ。場所の広さではなくて、このビジネスがクリスチャニアの住民や社会にどれくらい貢献しているか、有益かということで、家賃が住民たちのミーティングで話し合われているんだ。

たとえば食料品店のようなものは、住民たちにとっても必要だ。何人の雇用を生み出しているかというのも家賃を決める上で大切な要素だよ。住民に貢献していて、社会性がある店のほうが家賃が安いということになるんだ。

カナビスストリートは別で、家賃を一銭も払っていないし、売り上げの一部をクリスチャニアに支払ってもいない。クリスチャニアは、このビジネスからは一切収益を得ていない。ここにもかつては選択があって、『ドラッグのビジネスで得た金と、クリスチャニアのコミュニティーの財源はまったくの別であるべきだ』ということになったんだよ。それは、まったく賢い決断だった。カナビスの売人になれば簡単に金を稼げる。だけどそれは別の問題なのだ、ということを子どもたちへの教育の意味も込めてカナビスビジネスからの収益は一切受けとらない。これはとても重要なことなんだ。

でも、カナビス市場がここにあるということは、デンマークのハードドラッグを仕切る組織がここにいるということだ。カナビスストリートでは年間、1億デンマーククローネ（17億5千万円）が生まれている。ものすごく大きなビジネスだ。ヨーロッパのマフィアや売人たちがここを仕切っている。7、8年前、マシンガンでの銃撃戦もあったんだ。人が亡くなって、僕とパリケで子どもたちを連れて逃げたことがあるよ。ここでのそういった事件もクリスチャニアの一部なんだ」

「いろいろ危険だったその時期は、住民たちで一つのエリアに2人ずつ護衛を立てて、金曜、土曜日は平和を維持するために見まわったよ。コカインやハードドラッグをやってないかっていうのも合わせてね。

そんなことが僕たちのできる範囲だけど、殴り合いなんかのケンカはどうしようもない。ときにカナビスストリート関連だったり、酒の飲みすぎで暴れる人もいたりする。それでも、クリスチャニアの門はいつでも開かれている。このことも、クリスチャニアにとって大きなチャレンジなんだ。

そして、カナビスの自由化があったから、クリスチャニアが生き残ってこられたということも現実だからね。カナビスが好きな人々は、クリスチャニアの存続を求める。ここからも大きなサポートがあったんだよ」

水面下にいろんな様相が混ざり合う。それもみんなひっくるめてクリスチャニアなのだ。

「いろんなことがあった7、8年前に比べて、政府と交わした合意案以降、クリスチャニアは平和になったよ」

裏の散歩道に入ると緑のトンネルが続く。
ここがコペンハーゲンのど真ん中に
あることを忘れてしまいそうになる。

「このコミュニティーでは、多種多様な人々が暮らしている。誤解を受けやすいのだけど、どんな人々も平等であるといった価値観をクリスチャニアが謳《うた》っているのではないんだ。けれど、自由であるということは、平等であるということだともいえる。僕もその感覚に日々の中で出会うんだ。ここで暮らすことを選んでいるのは、誰かに迷惑をかけない限り、みんなここでは自由なのだということ。何を選ぶのか、何者であるか、どう存在したいのか。その精神こそが、クリスチャニアなんだ。

ここで、最初の君たちの質問に戻りたいんだけど、何がクリスチャニアをそんなに強くさせて存続させてきたのか。それはレジスタンス、活動家たちの存在だよ。政府や軍から、クリスチャニアを守って戦うという活動家としてのスピリットがここを存続させてきた。

以前、政府のブルドーザーが入ってきてクリスチャニアの建物や家を取り壊そうとしたんだ。そのとき、すごい数のヒッピーや活動家たちが集結して抵抗した。クリスチャニアは、そんな人々からもたくさんのサポートを得ている。

それが政府との合意案以降、共通の敵がいなくなった。ここからまた、僕たちクリスチャニアのチャレンジがはじまると思う。コミュニティーとして、みんなの中に何か共通の目的のようなものが持てるといいと思うよ」

ちょっとした夏のバイトのつもりが、気がつけばクリスチャニアの住人になり、政府との交渉グループの一員となり、現在はクリスチャニアの顔ともいえる「クリスチャニアバイク」の共同オーナーを務めている。レシンガがクリスチャニアで過ごした十数年は、クリスチャニアが大きく変化を遂げた年月だった。持ち前の誠実さやクリアな感性で、そのときどきに受け持った仕事をしてきたに違いない。

ウル・ルーケ、アルバート、パメラ、アダム、レシンガ。クリスチャニアで出会った彼ら住民たちの言葉の端々から、クリスチャニアへの愛情やここに属していることの楽しさ、喜びを垣間見ることができた。

特定の理念や哲学を持たないクリスチャニアの掲げる精神性や自由が、レシンガの言うクリスチャニアの「威厳」や「品位」という感覚となって存在している。ここに属することにみなが誇りを持ち、クリスチャニアを自分たちの手で創造していくことを大いに楽しんでいる。この感覚が、いつの時代も住民たちが問題を乗り越えるパワーになっているんじゃないだろうか。

そう、ここはアナキストの共和国。自由の国。クリスチャニアの存在は、今後も世界中の人々をインスパイアし続けていくのだろう。

クリスチャニアの横を流れる川辺でリラックスする人々。川向こうはコペンハーゲンの一等地。マンションが立ち並ぶ。

Piece of memory

人生の旅とデンマーク

神戸の短大を卒業するまで関西で過ごした私は、20歳のときに、当時仕事で両親が暮らしていたオーストラリアで1年間を過ごした。

主人となる彼と運命の出会いを果たした後、彼と一緒にアメリカへ。バークレーで5年ほど過ごした。そのとき暮らしていた、大きな桜の木のあるアパートメントで長女を出産。自宅での水中出産は素晴らしい経験となった。今から約20年も前のこと。

「地産地消でオーガニックの食材を子どもたちへ」と学校給食を変えた「シェパニーズ」もすぐ近所で、向かいの「チーズボード」という美味しいパンとチーズの店には、毎日のように焼きたてのパンを買いに行ったものだ。

ある日、お気に入りのワンピースを着てベビーカを押しながらパンを選んでいると「すごく素敵なドレスね！今日のあなた、輝いているわよ！」と、店員の女性がわざわざキッチンから出てきて声をかけてくれた。その日はフランスで核実験があった直後で、店の窓に核実験に対する抗議のメッセージとフランス産のワインやチーズをしばらくボイコットすると書かれた張り紙が出されていた。バークレーでは、本屋やスーパーマーケットでもそうしたメッセージをよく目にした。

「チーズボード」の隣は、日替わりで一日2種類だけのとても素敵なピザを焼く店で、古いピアノが置いてあり、弾きたい人が弾いてよいことになっていた。近所の凄腕《すごうで》のおじいちゃんおばあちゃんたちの披露する素晴らしい演奏に、立ち止まってはよく耳を傾けたものだった。ピアノの上に置いてあったガラスのコップは、1ドル札や小銭のチップでぎっしり！「ここで稼いだお小遣いで、孫と一緒にアイスクリームを買って食べるの！」とウィンクして演奏を続けていたおばあちゃんの笑顔がなつかしい。

このピザ屋は営業時間が終わると、路上の顔なじみのホームレスの人たちに、いつも世間話をしながらピザを配っていたのを思い出す。

長女るかが通ったバークレーの幼稚園は、一人一人の個性をとても大切にする素晴らしいところで人気が高かった。何か問題が起こって、保護者と教師たちのミーティングが持たれると、園長先生が必ず最後に言う言葉が印象的だった。

「私は子どもたちを信頼しています」

その言葉は何か特別な魔法の響きと説得力があった。

ドレッドロックスのロングヘアでカポエラのアメリカ代表でもある先生や、子どもたちにジョン・レノンを弾き語るヨガ講師でもある先生や、ネイティブアメリカンの先生。そんな個性豊かな先生がいる幼稚園で、最も保護者から高い信頼を得ていた先生はレズビアンで、彼女のパートナーも放課後、よく遊びに来ていた。

みんな違っていて当たり前。その違いを認め合いながらも、なおかつその人そのもの、その人の魂を認めるような場所で数年を過ごせたことは、とっても幸せなことだった。

バークレーは、ビートニクスムーブメント発祥の地でもあり、オーガニック、地産地消、自然環境への配慮、スピリチュアルな感覚も含めて、意識が高い人々が多く暮らす地域。私はバークレーでの生活やここで出会った人々からたくさんの影響を受けたように感じる。ネイティブアメリカンの思想との出合いや、ナバホ族のサンダンスという儀式に参加したのもこのころだった。

長女がちょうど4歳になるとき、主人の実家がある仙台に戻ることになり、私たち家族は、思い出のたくさん詰まった大好きなバークレーを後にした。

仙台での新しい暮らしがはじまって、すぐに次女を授かり、自宅での2度目の水中出産を経験した。自宅は、仙台市内までバスで20分、歩いて数分で森に分け入ることができる素敵な場所に運よく落ち着くことができた。けれど、自由な感覚で過ごせたバークレーでの日々がときどき恋しかった。

次女も幼稚園に上がり、子育てもひと段落してきたある日、環境系のイベントで「サーフライダーファウンデーション」という市民団体が発していた、あるメッセージに出会う。それは「私たちの海と空に放射能を捨てないで」というものだった。

それまで放射能といえば、広島と長崎に落ちた原子力爆弾のことしか思い浮かばなかった私は、「海」と「空」という文字に多くの疑問がわいた。そこには初めて目にする、青森県の六ヶ所村再処理工場のことが触れられていて、工場が稼働するのを目前に控えて、多くの人々がメッセージを発しはじめたころだった。

バークレーでの暮らしの経験で自然と影響を受けた、地産地消、そして、できるだけオーガニックな食べ物を子どもたちのためにも手に取るようになっていた私は、一度事故を起こせば何万年も毒性が消えることがない放射性物質で土を汚してしまう原発や、そこから出てしまう放射性廃棄物のことを知って大きなショックを受けた。

漁師や農家、環境団体などからも、その危険性を危惧する声が上がっていたけれど、彼らの声のほとんどは取り上げられることもなく、その危険性もほとんど国民に伝えられることもなく、工場は今にも動きだそうとしていた。

仙台の街のすぐ近くにも女川《おながわ》原発があり、そこではプルサーマルという、通常の原発での発電よりも、もっと危険な燃料を使っての発電を行う計画が持ち上がっていた。

仙台では「南三陸沖大震災が近くやって来る可能性がある」と多くの地震学者たちが警鐘を鳴らしていたときでもあり、地震大国といわれる日本で、大きな危険を冒してまでの原発は本当に大丈夫なのだろうか。

2人の小さな娘たちを前に途方にくれたことを今も思い出す。ひとりの母親として一体何ができるのだろう。もしものときは、どうやったら守ってあげられるのだろうか。

そんなある日、偶然見つけた記事に、私は目が釘づけになった。

「1985年、デンマークは国民投票によって、原発を一基も建てることなく、原子力政策を永遠に放棄した。それはチェルノブイリの事故が起こる1年前の出来事だった」

と書いてあったのだ。

その記事を読んだとき、大きな衝撃を受け、ものすごく感激したことを覚えている。

The enlightenment of Denmark

デンマークと導きの光

デンマークは「世界一国民の幸福度が高い国」なのだという。彼らの幸せの秘密は一体なんなのだろう。国や政治を実際に創り上げてきたのは、そこに暮らす人々にほかならない。この意識の高さはいったいどこから生まれてくるのだろう。

自分を見つける学校

「雨が降らないうちに、小麦を刈り取っているんだよ」

とジェンズ。見渡す限り黄金色に続く丘は、朝早くから次々と刈り取られてゆく。広大な畑に落ちている小麦や虫を食べに、たくさんの鳥たちが集まってきていた。

そんな光景を窓から眺めていた14歳のリーナは、ふと思いついたように2階に駆け上がっていった。何かを手に戻ってきて、そわそわと家の中を歩きまわる。「忘れ物はないかな」玄関には準備が整ったスーツケースやバッグがスタンバイしている。

娘のるかがデンマークでお世話になったホストファミリーの次女であるリーナは、今日から1年間「エフタスコーレ」という全寮制の学校に通うことになっていた。父親のジェンズも母親のドーサも、かわいい末娘のリーナの姿をしばらく見られなくなるのかと少し寂しそう。とはいっても、リーナにとって、素晴らしい経験になるであろう1年間を思うと、やっぱり嬉しそうだった。

今日はリーナにとって特別な日。リーナが待ちに待ったエフタスコーレの入学式の日。幸運にも、この輝く祝福の日に、私たちも一緒に立ち合えることになったのだ。

エフタスコーレとは、14歳から18歳までの私立の全寮制の学校だ(デンマークでは、8、9、10年生にあたる)。中学から高校へ進学する前の1年間を、まったく別の環境に身を置くことで新たな自

家の前の金色の畑。

長女るかのオーデンセのホストファミリー。
左から、リーナとジェンズとスゥス。

分自身と出会う機会を得る。ギャップスクールとも呼ばれていて、ちょうど思春期を迎えた子どもたちが、家族から離れて1年間の寮生活を送ることで自立心を育て、より成熟した若者への成長を導くと、デンマークではとても人気がある。

各学校が独自のカリキュラムを持っていて、数学などの必修科目以外に、アートや音楽、スポーツと好きなコースを選ぶことができる。リーナの学校では、アート、ネイチャー、フードの3つのコースを選択でき、生徒数は150人、そのうちの10パーセントはハンディキャップを持つ子どもたち。そのすべての子どもたちと、校長を入れて22人の教師たちが、今日から「大きな家族」として生活をスタートさせる。

じつはリーナの姉のスゥスも、中学から高校に進学する前に、この学校に通った経験を持つので、ここがどんなに素晴らしい学校かというのは家族みんながわかっていて、何よりもリーナがとても楽しみにしていた。スゥスは、その1年で、内側からにじみ出る自信と強さを身につけて帰ってきた。この時期を一緒に過ごした仲間は生涯の大切な仲間となって、ずっとお互いを支え合うのだろう。

家から車で約1時間、エフタスコーレに到着した。海沿いの小さな街の高台にあり、各部屋の窓からは、美しい海辺とかわいらしい小さな街が一望できる。学校の敷地内には緑の木々が豊かに生い茂り、寝転がってひなたぼっこをするのにぴったりな緩やかな丘がある。

遠くに目をやると、輝く青い海が広がっていた。リーナが選択したネイチャーコースで使われる色とりどりのカヤックも、丘の向こう側に立ち並ぶ小屋に並べられている。休み時間や放課後に、この丘で子どもたちが思い思いの時間を過ごす姿が目に浮かんでくる。

ホールにはぞくぞくと子どもたちとその家族が集まってきていて、喜びや緊張、不安や期待、その場にいるだけで気持ちが伝わってきて、私まで胸がいっぱいになってしまう。そんな空気を大きく包み込むようなあたたかい笑顔で、教師たちが迎え入れていた。入学式のセレモニーは、校長をはじめ、教師たちのスピーチが、ユーモアたっぷりらしくて爆笑がたえない。教師たちの言葉に耳を傾ける子どもたちの瞳が、どんどん生き生きと輝きだしていく。

「Become who you are（自分自身になれ）」

校舎に大きく掲げられた横断幕の言葉。これがこの学校の掲げるモットー。この力のある言葉に支えられて、これから子どもたちはここで1年間を過ごす。

「Become who you are」——日本の子どもたちがこの言葉に出会うことができたら、と思うと涙があふれた。

ここでアートと英語を教えている教師のジャスティンが話を聞かせてくれた。彼はこのエフタスコーレに惚れ込んで、イギリスからデンマークに移ってきたそうだ。

壁に飾られたグルントヴィのポートレート。

校庭にある等身大のチェス盤。

「この学校はとても素晴らしいんだ。僕はここで教師をしていることに誇りを感じているよ。ここでは上から子どもたちを押さえつけたりしない。教師は教師であると同時に、信頼できるよき友人なんだ。誰もがひとりの人間として尊重されている。

そして友だちをよく知るように、自分のことを深く知るようになる。そして自分自身を認められるようになるんだ。自分を認められるようになると、他人のことも認められるようになる。

ここの教師のほとんどは、この学校の敷地内や近くで暮らしているから、僕たちはまさに眠る寸前まで、子どもたちみんなと一緒に時間を過ごすんだ。あぁ、僕もこんな学校に通いたかったよ！」


自分でも言葉にできず、消化できないたくさんの想いや感情を持った思春期の子どもたちが、無条件でその全存在を受け入れられるような場所。自己を受け入れることで、他者への理解も深まっていく。そして自分自身を好きになる。家族から離れて自分の世界を歩きだすこの時期に、こんな学校で過ごせることは、なんて幸福なことなんだろう。


ここに限らずデンマークでは、家庭や学校でも、子どもたちは小さなうちから信頼と尊重の中で成長していく。「Speak up!」自分の意見を語ることを恐れなくていいと教わる。そして自ら考え、行動へと移していくことを学んでいく。

もちろんデンマークのすべての大人がそんなわけではないだろうし、すべての学校が高い理念で生徒たちと向き合っていないかもしれない。それでも、この旅で出会ったいくつもの家庭が、「信頼と尊重」の感覚を大切にしながら子どもたちを育てていた。

「あなたはどう思う?」

「あなたの意見は?」

家庭でよく子どもたちに投げかけられる言葉なのだそうだ。

「自分の意見を言っていいと感じられる環境や、自分自身の想いを自由に表現できる安心感はとても大切」

と、2人のティーンエイジャーの男の子を育てるアンが言う。

「そしてそれと同じくらい、相手の意見に耳を傾けることは、何かの問題に向き合うときに、よりよい解決方法を探すための『語り合う力』を育むことにつながる」

と話してくれた。

娘のるかがデンマークの高校に留学中、先生が生徒によくこう言ったそうだ。

「学校があなたの人生のすべてだとは思わないで。部活も学校での活動も、あなたの生活の一部。だけどそれがすべてではないの」

ときに子どもたちは、学校生活の中で(いじらしくも)一生懸命になりすぎて、小さな心がいっぱいいっぱいになってしまう場合がある。いじめのことにしても、学校での小さな世界やそこでの評価が子どもたちにとって、人生のすべてになってしまうことがあるのだ。私はこの話を娘から聞いたとき、そんなことを言ってくれる先生がいるんだと、とても嬉しかったのを覚えている。

生きる力を育む学校

眠い目をこすりながらコペンハーゲンの空港のゲートを出た直後、誰かが私の腕をつかんだ。いたずらっぽい青い瞳とクスクス笑い、私の真横に立っていたのはアウリ！　なんと空港まで迎えに来てくれていたのだ。

「クリスチャニアのアウリの家までは自分で行けるから大丈夫、家で待っててね」って伝えてあったのに。アウリの顔を見ただけでいっぺんにホッとした。あぁ、私はデンマークに帰ってきたんだ。これが3回目のデンマーク。

「最近は風と雨がすごいのよ」

6月のデンマークは、日本よりも少し肌寒い。気温は日本の3月上旬の気候に近い。途中で食料品を買い込むために車を止めた。ラズベリーや桃、ヨーグルトにクッキー。種や雑穀がぎっしり詰まったライ麦パンとバターにチーズ。「今夜はお祝いしなきゃね！」デンマークの初夏。午後10時を過ぎたころから、ゆっくりと日が暮れていく。

クリスチャニアの横を流れるクリスチャンハウンド川。懐かしい景色が目前に広がって、嬉しさの

すぐ近くに暮らす娘バリケの子育てをいつもあたたかく見守るアウリ。よちよち歩きがはじまったサルマと。

あまり、私はほとんど泣きそうになる。クリスチャニアのアウリの家に直接向かった。雨はすっかりやんで、葉っぱの上にたまった雨の雫《しずく》がゆらゆらと光で輝いている。一部を除いて人々が暮らすエリアには、アスファルトに覆われた道はない。

アウリの家があるエリアは、幼稚園と幼稚園の遊び場にある大きな木を囲むようにして12軒の住居が立ち並び、小鳥の声と子どもたちの声、そして風がどこかを通るたびに、木々の葉がこすれる音があたりに優しく響く。

地面はやわらかそうな芝生の絨毯《じゅうたん》に覆われて、個性的でチャーミングな家々の軒先は、そこで暮らす人々が育てた色とりどりの花や植物であふれている。

アウリがクリスチャニアに来たのは１９７５年、クリスチャニアには、最初に兄のラミがやって来た。アウリはフィンランド人で、アフリカ系デンマーク人の男性と結婚し、離婚後、クリスチャニアに黄色い小さな家を建てて、２人の子どもを産み育てた。

家の玄関は、いつも通りに向かって大きく開け放たれている。誰に向かっても、大きく心を開いているアウリ。初めてアウリに出会ったのは２０１１年のこと。ほんの数分だったにもかかわらず、彼女との出会いは大きな衝撃だった。ハートから愛があふれているかのような彼女は、内側から光り輝いていたのだ。

アウリの２人の子どもたち、パリケとヌルはクリスチャニアで育ち、それぞれ結婚して、独立した。

今では、パリケにもヌルにも子どもができて、アウリは3人の孫がいるおばあちゃんになっていた。

アウリの娘パリケは、今もクリスチャニアに暮らしていて、スペイン系デンマーク人の夫、クリスチャンとのあいだに、エリとサルマという2人のかわいい娘がいる。パリケは今、自治区の運営にも関わるようになっていて、家族から「パリケは今、ちょっとした活動家なのよ」と言われている。クリスチャニアで起きた銃撃戦のとき、ユースクラブの子どもたちをレシンガと守ったのはパリケだ。夫のクリスチャンは大工で、2人の家の増築やリノベーションはすべてクリスチャンが行っている。

アウリは、自転車で5分くらいの場所に暮らすパリケとクリスチャンの子育てをいつも支えてあたたかく見守っている。

「私はひとりで2人の子どもを育てていて、ときどき目の前が真っ暗になるくらい疲れてしまって。子育ての大変さがよくわかるの。だからパリケやヌルをできる限り助けてあげたい」

フィンランド人のアウリの母親は、31歳で夫を病気で亡くしてから、アウリたち5人の子どもをひとりで育て上げたそうだ。

「私たち兄弟はみんな、母親からよい影響をもらったの。自分だってきっと大変だったのに、いつでもみんなのことを気にかけていたの。いつもにこやかで楽しそうにしていて。どんな小さなことにも感謝して喜ぶの。私が小さかったときのことをよく覚えているわ。

母は『お母さんには、あなたたち、かわいくて元気な子どもたちがいる』。そして家にある、何か

アウリの趣味の洋裁をするテーブルの前の壁には、子どもたちからの思い出の手紙や絵、家族の写真が飾られている。

レモンイエローのアウリの家の玄関ポーチにて。

ささやかなものを手にしては、『私はこんなに素敵なものを持っている。なんて幸せなことなんでしょう』とにっこり微笑みながら言うの。母はいつも、一見当たり前のように見える小さな幸せに感謝していたわ。私はそんな母親を見て育ったの。私が大人になって、そして母親になって、ますます母の存在に感動しているのよ」

そんなアウリも、いつも家族みんなを気にかけていて、アウリの愛は家族だけにとどまらない。近所の仲良しの友人たちもみんな、アウリと話したくて顔を見たくて、アウリの家にやって来る。アウリの家のドアは、いつだって大きく開け放たれているのだ。

アウリのファミリーは、フィンランド、ガーナ、タンザニア、スペインなど、異なった国籍や文化が混ざり合いながらも、家族という大きな愛と強い絆で結ばれている。

家族が戻ったら必ず「ねぇ、今日はどんな一日だったの?」と語りかけるアウリの姿をよく見た。そんなアウリの姿を見ていると、いつも見習いたいと思うのだ。

最近では、デンマークも移民問題でいろんな問題が浮上してきているが、アウリたち家族は、どの民族、宗教、文化もリスペクトしながら、なぜ今、この現状が起こっているのかという歴史的な背景も見つめて話をしている。その姿に、長い歴史上に多様な民族が混ざり合い、成り立っているヨーロッパのあり方をあらためて感じる。いつも、目の前の出来事だけでは判断できないこと、答えがすぐに出ないことがたくさんあるのだ。

そんなアウリの仕事は、アート教師。彼女が勤めるアートスクールは、クリスチャニアからは、自転車だと15分ほど。そして、コペンハーゲンのセンターの駅からだと、歩いて5分もあれば到着できる立地にある。コペンハーゲンにあった元精肉工場の跡地に、国が１９９０年に設立したもので、７歳から19歳までの子どもたちが利用できる公立のアートスクールだ。年間70以上のビジュアルアートのプロジェクトがこの学校で行われる。

「子どもが望めば、放課後に通うことができるの。週末にはその子どもたちの家族も利用できるのよ」とアウリ。年間１６００人以上の子どもたちがここでイマジネーションにあふれる時間を過ごすそうだ。コペンハーゲンにある地域の美術館や、ほかの文化プロジェクトにも参加したり、招待したりと、常にいろんなものに取り組んだり、交流も盛んなのだそう。

ここで働く教師は約24名。週に一度は、みんなで朝早く集まって、パンとチーズにジャム、コーヒーやお茶をたっぷり準備して、朝食をとりながらミーティングをする。用務員のおじさんや掃除を担当している女性も一緒に大きなテーブルを囲み、家族の近況から最近見た個展のことや仕事の話まで、和気あいあいとなんでもよく話す。

「私たちは、ここでは家族のようなものなの。なんでもよく話すわ。そしてお互いに学んでいるの。ここで一緒に働く私たちが、よい関係でいることも大事なことね。

クリスマス前と夏の休暇前に、国から小さなボーナスが職場に支給されるの。私たちの仕事のインスピレーションになったり、教師同士の親睦を深めたりするために使うものよ。このあいだ私たちは、それを使って、みんなで美術館に個展を見に行ってきたのよ。楽しかったわ」

2階建ての校舎の中央は、足を踏み入れると光が燦々《さんさん》と注ぎ込むホールがある。建物は、この吹き抜けのホールを取り囲むようなスタイルだ。歴史ある建造物にモダンな照明や家具がラフに配置され、北欧のデザインが建築や内装やインテリアの随所に反映されている。正面を入って左手には、スケルトンの教師たちのオフィス。まるでデザイン事務所のように洗練されている。

陶芸、版画、映像、絵画、彫刻など、いろんな部屋があるが、映像を見る部屋以外は、棚やテーブルなどのインテリアの配置によって緩やかに各ジャンルが分けられていて、壁がない。絵画、陶芸、版画、アニメーション、彫刻、映像、なんでもすぐ手に取れたり、作ったりすることができる。

1階中央の奥にある素材置き場には、毛糸玉や、プラスチックの食品トレー、紙類、布類、メタル、アルミ缶や貝殻、木切れなど、とにかくいろんなものが種類別に、いつでも使えるようになっている。

「これは子どもたちが工作に使えるように、私たち教師が集めてきて、置いているの」

私が訪れたときは、ちょうど夏休みに入ったところで、子どもたちの姿はなかったが、残っていた作品を見ることができた。空中に吊り下げられた全長4メートルくらいの真っ白の帆船は圧巻だ。陶芸の部屋に行くと、窯焼きを待っている乾燥中の作品が棚いっぱいに並んでいた。

アウリが働くアートスクールには、毎日
コペンハーゲン中から子どもたちがやって来る。

日本で芸術系の高校や大学に進学する際には、高いレベルのデッサンスキルも必要なのが一般的だ。受験のための美術学校に通うとなると、それもかなりの額になる。芸術系の国公立大学への進学でも、少なくとも300万円は学費として必要で、私立への進学となるとそれは倍近くとなる。普通校に比べるとかなりの高額だ。どうして日本では、芸術に限らず、音楽でも医学でも、特別な学びになってしまうのだろうか。

デンマークの教育政策は、それを学びたいと子どもが興味を示したとき、その先へ進むための扉が誰にでも平等に開かれている。そしてそれを断続していくことができる。公立のアートスクールの費用は年間で約300デンマーククローネ(5250円)。家庭の所得によって学費も割引制度がある。

「アウリ、素晴らしいわ！　こういう時間を子どもたちが持てるのは、なんて幸運なことなのかしら。日本では子どもたちが芸術へ時間を費やすことが、ときどき時間の無駄のように言われることもあるの。かかる費用もあるのだろうけど、芸術を学んだところで、それで食べていけるのか？　ってね」

アウリは振り返ってこう言った。

「芸術を学ぶのは時間の無駄っていうのね。でも、芸術はあなたの人生を美しいものにしてくれるわ！　たくさんのイマジネーションが、生きることに力を与えてくれるでしょ」

そう、そのとおり。涙が出そうなくらい、アウリのこの言葉が嬉しかった。

「さぁ、かな。近所にある学校も案内するわね」

アウリが、道を挟んだ向かいのミュージックスクールにも連れて行ってくれた。床は消音システムが施されていて、建物内に、本格的な音響システムを持つコンサート会場まである。ここでよくオーケストラの演奏などがあるそうだ。そしてたくさんの個室は、すべてはレッスン室で、バイオリンやギターなど、個人レッスンはそこで行われる。ここも、音楽に興味を持った子どもたちが、放課後に通える学校だ。

このミュージックスクールの先には、演劇スクール（シアタースクール）もある。デンマークでは、「シアター」という言葉を会話の中でよく聞いた。それは「演劇」という意味だ。日本人の私の感覚では、演劇を学ぶということに「役者を目指す」という印象を持っていたが、アウリの言葉ではっとした。

「ここで自分を表現することを学ぶのよ。自分の身体や声、表情、感覚のすべてを使って感情を表現したり、別人になったり、自分とは別の誰かを演じることで、他者への共感を学ぶことができるの」

とアウリ。

「ここにあるミュージックスクールや演劇スクール、アートスクールのみんなで一緒に共同のプロジェクトをやるときもあるのよ。アートスクールの子どもたちが衣装や小道具を制作し、ミュージッ

演劇スクールの生徒たちが、環境問題をとりあげた映画
『THE FUTURE』をもとに制作した、ミュージカルの練習風景。

クスクールの子どもたちが音楽を担当、演劇スクールの子どもたちが演じたり、パフォーマンスをしたりするの。楽しいわよ！　本格的なの」

驚いたことに、アートスクールの向こう側には、クッキングスクールまであるという。アウリの案内で行ってみると、ほかの3つの学校より規模は小さいが、それはとても素敵な学校だった。菜園のような花壇がいくつもあり、壁面にもたくさんの植物が育てられていた。

「ここは、このクッキングスクールのエディブルガーデンよ。いろいろな種類のハーブが植えられていて全部食べられるの」

この日は見られなかったが、キューブ形のおもしろい建物の中には、調理室があるそうだ。そのほかにも、野外のキッチンとアウトドア用の竈《かまど》もある。

「ここで子どもたちはスープを作ったり、パンを焼いたり、いろんな料理をするのよ」

終始感激しっぱなしの私を見て、微笑むアウリ。

「日本の子どもたちにもこんな環境があれば素晴らしいのに」とつぶやく私に、「そう。これがデンマークの素晴らしいところよ。教育システムは本当に素晴らしい。すべての子どもたちに、この機会が平等に与えられているのだから」。

味わう、料理する、話す、思いを伝える、歌う。
そもそも、生きることそのものが創造の連続であり、アートなのだ。

「芸術は人生を美しいものにする」
「たくさんのイマジネーションが生きることに力を与えてくれる」

これは、ここで出会った人々から受け取る美しいインスピレーション。このインスピレーションを、
大好きなアウリからも受け取ることができて嬉しくてならなかった。

受け継がれてきた導きの光

最初に描いた明確なビジョンは
描いた人々の手を離れてもなお
静かにその輝きを放ち続けている。
それは私たちが思った以上に大きな力で。

一度ともされた魔法の灯りは
決して燃え尽きることはない。
その志を継ぎたいと思う者がいる限り
その魔法は引き継がれていくのだから。

かつてデンマークに「マッチ売りの少女」がいた時代があった。あたたかな屋敷で豪華なごちそうを食べ、美しいドレスに身を包んだ貴族の少女が包まれる光の影に、寒さの中はく靴もなく、粗末な服をまとっただけの、今日食べることもやっとの貧しい少女の姿があった。

そんな貧しさにたくさんの人々が喘《あえ》いだ時代、デンマークの国民的童話作家であるアンデルセンは、一見子どもたちが楽しめる作品の中に、世の中に対する批判を込めて世に送り出した。

そのアンデルセンと同時期に、現れた人物がいる。現在のデンマークという国のあり方、そして人々の精神の深い部分に影響を与え、「教育革命」という、未来への美しい種を蒔《ま》いた人物。彼こそが「デンマークの父」ニコライ・F・S・グルントヴィ（1783-1872）その人である。

グルントヴィが生きていた時代、デンマークでは貧富の差が大きく、国民の8割が農民だった。あとの2割は貴族や特権階級の人々である。

政治は貴族たちがラテン語で行い、教会で聖書を読むときも、祈りの言葉を唱えるときも、賛美歌を歌うときも、ラテン語が使われていた時代。聖書が書かれたオリジナルの言語であるラテン語が、聖なる言語だといわれた時代だった。

グルントヴィは牧師となったが、官僚化して腐敗していた教会を批判して、その職を剥奪される。その後、自分の教区で説教と執筆活動を行い続けた。北欧神話も掘り起こし、出版された北欧神話の本は大きな成功を収めた。そしてデンマークの歴史や風土を賛美する美しい詩をデンマーク語でたくさん書き、デンマーク語で歌える賛美歌もたくさん作ったのだ。

彼がデンマーク語に翻訳した賛美歌も合わせると、その数は１５００編とも伝えられている。今でもデンマークで歌われている賛美歌の半数以上は、彼によるものなのだそうだ。母国語で歌う賛美歌は、人々にどんな変化をもたらしたのだろうか。

それまで、デンマークの人々が祈るときは、神と自分のあいだに教会や牧師やラテン語が入ることになっていた。「神との対話に何者かが割り込むことはできないはずだ。神へ祈るときは自分の母国語で、素直な気持ちで祈れることがとても大切だ」とグルントヴィは考えた。そしてエリートや知識人からは、貧しい農民たちの言葉と蔑まれていたデンマーク語を、「民衆の言葉」であり、「母から子に受け継がれてきた豊かで美しい言葉」だと語った。

コペンハーゲン郊外のグルントヴィークス教会は建築家イェンセン・クリントの傑作。彼の死後、息子コーアに引き継がれ 1941 年完成。

1848年、ヨーロッパ革命の大きな影響を受けて、デンマークの絶対王政も終わりを迎えた。民衆の大きな声による無血革命だった。その後もデンマークでは、ドイツやスウェーデン、ノルウェーなどの隣国との領土問題で不安定な状況が続いていた。戦争によって国土の3分の2を失っており、ドイツと隣接する地域で、デンマーク語よりもドイツ語が話されはじめた。

デンマークでの義務教育は比較的早い時期にはじまっていたそうだが、国民の大半を占める貧しい農民たちは、暗記や試験が中心の学校で、ラテン語の習得もままならず、母国語であるデンマーク語の識字率も低かった。

このままではデンマーク語も、デンマークという国自体の存続も危ぶまれると感じたグルントヴィ。「国民一人一人の中に宿るデンマーク人としてのスピリットを目覚めさせることこそ、この国を回復させる道だ。それにはまず、教育からだ」とグルトンヴィは考えた。

それまでにあった、暗記や試験が中心で答えが決まっていて、よしとするものを上から押しつけるような学校を、グルントヴィは「死の学校」と呼んで批判し、自分で考え、他者との語らいの中で最善の答えを導き出し、人生をよりよく生きるための力を育てる学校「生の学校」こそが必要だと説いた。そして、グルントヴィが提唱した、農民でも貴族でも身分や地位に関係なく、求めれば18歳以上なら誰でも学ぶことができる国民学校「フォルケホイスコーレ」が誕生する。

教育という言葉を嫌ったグルントヴィは、代わりによく使っていた言葉があったそうだ。それはデンマーク語で「oplysnig」、英語では「enlightenment（灯りをともす）」という言葉だ。

一人一人のハートに灯りがともると、その灯りは目の前の人のハートをも照らし出す。そして互いの灯りで照らし合い、影響を受け合うことで共に成長をする。ハートに灯りがともり、成長していくと、やがて人は、魂の仕事に目覚めるというのだ。それこそが教育だとグルントヴィは語った。

そのためには、感情を掘り起こすことが大切だと、詩をよく読ませたり、作らせたりした。歌もたくさん歌い、ダンスもよくしたのだそうだ。


イギリスに留学経験もあるグルントヴィは、自分の生まれた国を愛する気持ちも大切だと語った。それは選民主義的なものや排他的なものではなく、他国の民族や文化を認めて尊敬した上で、なおかつ自分の国が大好きだという気持ち。素直にわき起こる健やかな愛国心。それが大切なのだと。


そして、「人間というものの本質は善なのだ」とよく語ったのだそうだ。

人間は幸せに生きること、よく生きることができる。それを学ぶために生まれてきたのだ。

幸せに生きるため、よく生きるための学びが教育なのだと。


そうして、「フォルケホイスコーレ」はデンマーク中に、やがてその哲学は北欧中に広がっていった。

クリスチャニアのすぐ近くに、歴史的な建築物がある。それは、デンマークに初めてできた女学校跡で、グルントヴィがつくった女学校だ。それまで教育を受けることができなかった人々がグルントヴィ

ちょうどファッションウィーク中だったコペンハーゲン。
自分のスタイルのファンションを楽しむ人々。

市内のアシステンス墓地の並木道。デンマーク史に名を残すアンデルセンやキルケゴール、
物理学者ニールス・ボーアの永眠の地。

によって、学ぶという機会を得たのだ。

北欧神話や民間伝承や、歴史、先人たちの生き方やルーツにも触れることで、自身や自分が生まれた国への誇りや自信を取り戻していき、愛情を抱くようになる。そうすることによって、自らが属している社会への責任感を持ち、社会意識に目覚めていったという。

第2次世界大戦後、デンマークで大きな動きとなった国民的な反原発運動も、これらのことをなぞらえてみたら、とても自然な成り行きだったことに気がついた。反原発運動は、まさにフォルケホイスコーレの生徒や教師陣が発端となったものだったからだ。

風力発電の開発も、自然エネルギーへの変換の流れも、フォルケホイスコーレのバックグラウンドが生み出した流れであり、グルントヴィの教育革命がもたらした大きな流れの中で起きたことだった。こうした再生可能エネルギーへの開発は、今でもデンマークの国や地域が受け継いでいっている。

同じ流れから、フォルケホイスコーレ出身者が世界初の農業組合をつくり、政党を立ち上げ、やがては国の政治を担っていったのだ。デンマークのよい法案の陰には、必ずこのフォルケホイスコーレ出身者が存在しているのだという。

「ハートに灯りをともした」感覚を持った人々が、社会の一員として自分の言葉を語り、未来に責任を持つとき、そこに希望という新たな灯りが生まれる。

「人々はよく生きることができる」

「人は幸せに生きるために生まれてきたのだ」

「自分の国を愛する感覚」

「人間の本質は善なのだ」


人々の心にともった灯りは、国のあり方にも影響を与えてしまった。

原発放棄も、高福祉社会の実現も、クリスチャニアの存続も、根底に「内側に灯りをともした人々」の姿がある。あらためて、教育の持つ意味や大いなる可能性を感じてしまう。何かここから私たちも学べることがあるのではないか。


北欧の地から感じる「健やかなるもの」「光のようなもの」。

それらに力を与え続けているものの一つに、グルントヴィの魔法を感じずにはいられない。その魔法は、いまだに光を放ち続け、私たちに大きなインスピレーションを投げかけているかのようだ。

デンマーク人の考え方

クリスチャニアの歴史家ウル・ルーケのインタビューの最後に、こんな話題になった。

「僕はアナキストだ。そんな僕にとって、ここは特別でとても興味深いところなんだ。いつかクリスチャニアの歴史をすべてまとめて、本にしたいと考えている。いや、そんなことは僕が生きているうちにはできないかもしれない。僕がやれなくても、ほかの誰かがきっとそれをやってくれる。それに『なぜ、クリスチァニアがこんなに長く存続してこられたか』についても、ずっと知りたいと考えている」

「ねぇ、ウル、そこなの。私もそれがなぜなのかずっと考えているんだけれど、デンマーク以外の国なら、とっくに軍に制圧されているはずね」

「僕たちがラッキーだったのは、デンマーク政府が何かにケリをつけるために、銃を使わなかったということだ。ほかの国だとそうはいかないだろう」

誤解のないように書き添えたいのは、実際には、これまで何度も警官隊とクリスチャニアの住民とのあいだで銃撃戦もあった。だが軍を持つデンマークなのだから、本気で武力行使を行うつもりになったらやれるはずだった。それでもその事態にならないのは、この国がデンマークであるということ。国民がそれを許さないのだ。

別れ際にネイティブアメリカンのビーズ飾りをプレゼントしてくれた、ウル・ルーケ。

「じつはね、これまでデンマークで起きているすべてのよきことに、グルントヴィの存在があるんじゃないかと考えてるの。ウル、グルントヴィを知っている？」

「僕はあまり、グルントヴィのことについては詳しくないのだが」

と前置きを言った後、ウル・ルーケが、彼の言葉でグルントヴィを語りはじめた。

「グルントヴィが生きた時代は、フランス革命やデンマークでの絶対王政の終焉《しゅうえん》など、多くの事柄やムーブメント(潮流)が起きた時代だ。民主主義の到来だ。絶対王政から、デンマークが民主主義へと大きく時代が変化を遂げたとき、グルントヴィもその動きの中にいて、彼が与えた影響や役割は計り知れないものがあった。教育革命も行ったんだ。試験や暗記ばかりで、教師の言うことをリピートするような、自分で考えない受け身の学校を批判した。『学校とは、自分自身で考えて答えを導き出すことを学ぶ場所でなければならない』というのもグルントヴィの考えだった。人々のあいだからアイデアが生まれて、それが全体に変化をもたらしていく。上から下へではなく、下から上へだ。

作家のエヴゥ・クルーデル・ハイクが1972年にグルントヴィのことを書いた本には、1960年代の終わりから70年代初期に起きている数々の民主的なムーブメントのすべては、グルントヴィが大きなインスピレーションになっていると書かれているんだ。ヒッピームーブメント、女性の権利解放、ゲイの権利解放、クリスチャニアの誕生もそうだ。

そう、そして『デンマーク人であることに誇りを持つ』という感覚もグルントヴィによるものだよ。それは国際社会で戦争をもたらすような、他国と比較するようなものではなくて、『自分もこの社会を一緒に創造する一員であることへ誇りを持つ』という感覚と言い換えてもいいかもしれない」

「そう！　そこなのよ！　自分たちのルーツやバックボーンに誇りを持つ感覚。それは自分を好きでいるような健やかな感覚と共通している。そこが源泉となって見えない力が生まれるんじゃないかしら」

「確かに。デンマークにおける最良の考え方は、グルントヴィによるものだね」

ウル・ルーケが静かに頷《うなず》いた。

"The best of thought in Denmark"

「デンマークにおける最良の考え方」

ウル・ルーケのその表現が、とても嬉しかった。

人間の根源にあるもの

「信じられないな。明日にはもう京都に帰るなんて」

私にとってデンマークへの旅は、今回が3回目。2週間の滞在を経て、次の日、日本に帰る予定になっていた私は、荷物の整理をしていた。外から賑やかな声が聞こえる。仕事から帰ってきたアウリがちょうど家の前で、近所のエリザベスと立ち話をはじめたようだった。それから数分後、玄関のドアが勢いよく開いて、興奮した様子のアウリがこう言った。


「かな！　すごいわよ。さっきね、家の前でエリザベスと話してたんだけど、あなたの話になったの。エリザベスがね、『かなの本は順調に進んでる？』って聞いてきたから、あなたがグルントヴィにとても興味があるって話をしたの。するとエリザベスが『あら！　私の母方の家系はみんな牧師で、みんなグルントヴィから影響を受けていたの。そんな家庭で私は育ったのよ』って」

アウリの青い目が大きく見開かれている。

「エリザベスに会って話してきたらいいわ！」

「あぁ、アウリ！　ありがとう！　私、エリザベスに会ってくる！」


じつは、2年前にデンマークを訪れたとき、エリザベスのインタビューを終えていた。そのときは、

アウリの近所に暮らす、ナターシャの家のリビング。まるで妖精の暮らす家のよう。

私の中でまだグルントヴィの存在がつかみきれていなかったころだった。

今回の旅でも、エリザベスとは道端で会って挨拶したり、立ち話をしたりしていたのに、なぜか今までグルントヴィの話にはならなかったのだ。明日、日本に帰る最後の日に、エリザベスからグルントヴィの話を聞けることになるなんて。


エリザベスの家は、アウリの家の目と鼻の先。もともとは高校の体育教師だったエリザベスだが、今はアフリカンドラムやダンスを自宅で教えたり、アフリカのミュージシャンのデンマーク公演を企画したり、スピリチュアルな価値観を教える教師もしている。

そんな彼女のエメラルドブルー色の家からは、いつも賑やかなアフリカンドラムや人々の笑い声が聞こえてくる。ポニーテールをご機嫌に揺らしながら、いつも鮮やかな色のドレスやアフリカの民族衣裳に身を包むエリザベスは、自由な心で生きることを楽しんでいるかのように見える。

エリザベスの玄関のドアの前に立つと、「ようこそ」と書かれたプレートが下がっていた。


「こんにちは！　エリザベス！」

しばらくするとエリザベスの声が聞こえた。

「裏のデッキにいるわよ！」


玄関の脇を入り、裏のデッキのほうにまわってみると、木々や植物が伸び伸びと茂るエリザベスの庭が広がっている。庭にはテーブルと椅子が置かれていて、夏の夕刻の涼しい風がテーブルクロスを揺らしていた。デッキの上ではエリザベスが、ハンモックに揺られながら本を読んでいる最中だった。サマータイムのデンマークでは、太陽が沈むのは夜11時をまわったころから。短い夏を惜しむようにデンマークの人々は屋外にいて、太陽を楽しんでいる。

「ねぇ、エリザベス。なぜあなたと今までグルントヴィの話をしなかったのかしら。今さっき、アウリから聞いて本当に驚いた。私ね、この本を書いていて気がついたの。近年のデンマークに起きたすべてのよきことの中に、グルントヴィのインスピレーションがあったんじゃないかって」

エリザベスは、ニコニコしながら読んでいた本を脇に置いて眼鏡を外すと、「彼がすべてだとは言わないけれどね」と言って、ゆっくりと話しはじめた。

「母親は牧師の家系。祖父も叔父もみんな牧師で、グルントヴィの思想を受け継いでいたわ。私のオルタナティブな感覚は母方の家系から譲り受けたものなの。家族はみな、違う国の文化や宗教にとても敬意を払っていて、母親もそんな人だった。母はね、伸びやかな心と自由な精神を持つとても素晴らしい人だったのよ。母の弟である私の叔父は、グルントヴィの研究もしていて、本も書いたの。グルントヴィの精神を反映させた高校もつくって、とても熱心だった。

グルントヴィは教育の中で、みんなで一緒に歌を歌ったり、踊ったりすることをよくさせたのよ。私の子ども時代には、家でもよく歌ったり、ダンスをしたりしたものよ。グルントヴィは人生をよく生きることが、とても大切だと言っていたの。幸せに生きられるように、人生を価値のあるものにするように。そう、幸せに生きるためには、自由な心とイマジネーションが必要だって言ったのよ」

突然、ふわりと大きな風が吹いて、エリザベスの読みかけの本のページをパラパラとめくっていく。エリザベスの言葉を聞いていると、まるですぐそばにグルントヴィがいるかのような不思議な気持ちになった。

そして部屋の中から、輝くような美しい女の子が姿を現した。エリザベスの1人娘、マライカが帰ってきたのだ。マライカは、大学で学びながら、家の前のクリスチャニアのデイケアでも働いている。

「私が学んでいるのはヘルスシステム。人々の健康は心と身体のバランスからできているでしょう？意識がどう身体に作用するか、そういうことも私の学ぶ管轄なの。

このあいだ試験があったんだけど、やっと終わって解放された。覚えないといけないことがいっぱいだったの！　暗記って、そのときのために覚えるけれど、今は何も頭に残っていないわ。試験のための暗記と『学ぶ』ということはまた違うわね」

そう話してくれたマライカ。25歳になった。歌も歌っているそうだ。マライカという名前はスワヒリ語で「天使」という意味を持つ。

木漏れ日の光の中のエリザベス。

「ねぇ、マライカ、デンマーク人に生まれてどう？」

「それはもう、すごくよかったって思ってるわ。私たちは、この社会保障に支えられているでしょう？教育の機会も平等に開かれている。私たちはなんてラッキーなんだろうって思う。ときどき、それが当たり前になってしまって、忘れてしまいそうになるけれど。とても感謝してるわ。私たち人間には、特権があるの。学ぶということ、健康に生きるということ、人生をよく生きるということ。これでデンマークが寒くなかったら言うことないけどね」

なんということだろう。グルントヴィがあの当時人々に話していた言葉を、私は時代を経てここクリスチャニアで、目の前にいるこの美しい母と娘2人から聞くことになる。

「人はみな、幸せに生きるため、よく生きるために生まれてきた」

このシンプルな言葉が、大きな大きな力を持って、私の心に響いていく。
この地球上の誰もが、幸せに、よく生きる権利がある。そのためにこの星に生まれてきた。
もしもすべての人々が、宗教や文化を認め合い、尊重し合いながら自分の国やルーツに誇りを持ち、なおかつグローバルな感覚でその富と幸せを分かち合いはじめたら。

もしも各国が一斉に核と武器を放棄して、費やしていた膨大な軍事費を人々の幸せのために、私たちが暮らしているこの地球環境のために、この地球上に存在する最高の英知と資金を使うことができたら。

「人間の根源は愛でできている。私はそれを信じているの」

とエリザベス。

「エリザベス、グルントヴィも同じことを言ってたよね！」
「ほんとね、グルントヴィもそれを信じていたわね」
（後から知ることになったが、グルントヴィの本を書いたエリザベスの叔父は、エヴゥ・クルーデル・ハイクといい、ウル・ルーケが話してくれた本の著者だった。）

共同のリビングでくつろぐフリーダや住民たち。

Piece of memory

長老の木

ここで、こんな個人的な話をすることに少しためらいもあるけれど、書いてみたいと思う。

仙台で暮らしていた家のすぐ裏は県有森で、近所の住宅街を抜けると、ものの数分で森や気持ちのいい公園を訪れることができて、愛犬のリュンヌとよく散歩に出かけたものだった。

公園へと続く森の小道に入ったら、私とリュンヌしかいない世界。静かな森の小道には、何本かの大木があり、途中途中で顔見知りの木々たちに挨拶をする。小道を抜けて広場に入ると、そこにはそれはたくさんの木があるのだけど、ある一本の木だけは、なぜか特別な存在だった。初めて会ったときから何かを感じていて、いつも、その木に会いに来ていた。

私はその木のことを密かに「長老の木」と呼んでいた。

今思い返すと、何百年も生きているような大木ではなく、どちらかというとまだ若木だったが、なぜか最初から「長老の木」と呼んでいたのだ。

その木に会いたくて仕方なくなる。私は根元に座って何時間でも過ごせた。目を閉じると吹き抜けていく風の音や木々にこだまする鳥の鳴き声が聞こえてくる。なんともいえない安心感で包み込んでくれた。木にもたれて、何度昼寝したことだろう。賢いリュンヌはいつもそんな私の傍にいた。

長老の木に、心でいろんなことを話しかけては、そこでの時間を過ごしていた。気持ちが今ひとつ晴れないときも、長老の木の下に座っていると、帰るころには気分も晴れやかになっていたのだ。

当時、小学校に通っていた次女のりおも、よく長老の木に会いに連れて行ったものだった。ある日のこと、いつものようにりおとリュンヌと一緒に散歩に出かけた。長老の木の根元に座り、いつものように私たちはひと休みして、目を閉じてその世界の美しさを味わっていた。

すると私の前に、ある映像が鮮明に現れた。肉眼で見る映像ではなく、別の目でビジョンとして見えているのだ。目の前に現れたのは、白い衣を着たおじいさん。頭はつるりと禿《は》げていて、白いひげと肩まで届く長い髪はつながっていた。穏やかさと威厳の両方を備えている。そのおじいさんが私にこう伝えてきたのだ。

「人間は善性でできている。人間というものは　もともとは、善なる存在なのだ。あなたは、その善なるものを見に来たのだよ」

ほかにも、言葉にできないような不思議な光線のようなものをもらったのを覚えている。驚くほど冷静な自分がいて、何かがすべて腑に落ちたように感じた。やがて賢者のようなおじいさんの存在が消えた後、自分が体験したことへの驚きと感動で、しばらく目を開けることができなかった。だけど、私はひとりじゃない。この記憶が消えてしまいませんようにと、ゆっくり目を開けると、りおが私の顔をのぞき込んでいた。何か言いたそうな、興奮した面持ちで私を見つめている。

「会っちゃった。りお、会っちゃった……」

「えっ？　何に会っちゃったの？　マミーも今、会っちゃったんだけど」(小声)

「りおね、会っちゃった。頭がツルピカピンの、白くて長いおひげの、白い着物を着たおじいちゃんに、会っちゃった!!」

りおの言葉にびっくりしすぎて、そしてこの不思議な出来事が嬉しすぎて、ほとんど叫んでしまった。

「りおっ!!　りおも会ったの!?　マミーも会っちゃった!!　頭ツルピカピンのおじいちゃんに会っちゃった!!」

「会っちゃった！　会っちゃった！」

大騒ぎする私とりおに、何がなんだかわからないけれど、尻尾を振って飛び上がるリュンヌ。メイとサツキがトトロに会ったときみたいに、私たちも「会っちゃった、会っちゃった！」と長老の木の周りを飛び跳ねながら何度もまわって、2人で何度も木を抱きしめて家に戻った。

「りお、もしかしたら、あのおじいさんは、長老の木の精霊だったのかもね」

（184ページへ続く）

The visioners of Denmark

デンマークと夢を見続ける人々

もっと住みやすく、もっと持続可能な世界を実現するために、自分たちの「暮らしの理想」を実現しているコミュニティーが、デンマークにはすでに200近くも存在している。その暮らしとは、どんなものなのだろう。

ドゥスキル・エコビレッジ

訪れたドゥスキル・エコビレッジは、アーティストたちが多く暮らしている。太陽光のグリーンエネルギーを最大限に使用した美しい家々は、どれも独創的で素晴らしい。

クリスチャニアとほぼ同時期に生まれたこのエコビレッジは、１９７０年代に創始者グループのビジョンに賛同してくれる人々から資金を募り、土地を購入したことからはじまったそうだ。

ドゥスキル・エコビレッジへの道のりは、コペンハーゲンから電車で1時間半、乗り換えなしの一本で到着する。駅を降りてすぐの立地だ。車でも同じくらいの時間で、永遠に続くかと思われた黄金色の麦畑を抜けたところに到着した。道中の車の窓からは、風力発電の風車や、地域で再生可能エネルギーに取り組んでいる太陽光パネルが設置された畑も見ることができた。それにしても、デンマークはよい風が吹いている。

今回、案内してくれるマトワンが迎えてくれた。取材のため、デンマークのエコビレッジを探していたある日、自然界に溶け込む蜂の巣のような構造の美しい家の写真を見つけた。その家がここにあることがわかり、コンタクトをとってみたところ、返事をくれたのがマトワンだった。イタリア人の彼は世界中を旅して、デンマーク人の気質や国の政策などが一番しっくりきたそうだ。クリスチャニアにも数カ月住んでいたことがあったけれど、ここに家を建てて落ち着いた。誰に対しても尊敬に満ちていて、ユーモアと遊び心いっぱいのマトワンと一緒にいるだけでとても気持ちがよい。マトワンに会ったのはこの日が初めてだったけれど、あたたかな彼の眼差しは陽だまりのようで、古くからの友人に迎えられたかのような安心感を覚えた。

「今夜は僕が夕食を作るよ。そして君たちに紹介したい女性がいるんだ。彼女も今夜、夕食に招待しているからね。彼女はここの最初から関わっていて、素晴らしい女性なんだ。会えばわかるよ」

部屋の窓にはサンキャッチャーのクリスタルが煌《きら》めき、鳥の羽根、聖人たちの言葉のカードなどがさりげなく飾られている。禅の本やネイティブアメリカンの絵は、彼のインスピレーションの源なのだそうだ。彼が自ら手入れをしている庭も、瞑想をするサンルームも、やわらかな光にあふれている。お茶とケーキをごちそうになって、エコビレッジの散策に出かけた。

ドゥスキル・エコビレッジには、柳の木だけを群生させた場所に使用した水を通すことで、水をろ過する浄化システムや、住民のみんなでお金を出し合って設置した、自慢の大きな風車もまわっている。車は決まった場所にしか入ることができないので、ビレッジ内は、徒歩か自転車での移動だ。

ビレッジのエントランスには、カフェとナチュラルストアがあるのが嬉しい。オーガニックな化粧品からCD、本やカードにアロマオイル、ちょっとした食料品や天然酵母の焼きたてパンも買える。

まるで映画『ロード・オブ・ザ・リング』に出てくるホビットの家のよう。
子どもたちが自由に駆けまわる。

エコビレッジの中央には、多くの人が集まれるホールが立っている。ここではワークショップやコンサートなどが行われ、さらにゲストが宿泊できる小さなゲストルームもある。キッチン、ランドリールームなどもあり、住人やゲストがみんなで使用できるようになっているそうだ。

細かく分けられたリサイクルのゴミ捨て場や、住民が使わなくなったものを持ってきてシェアする場所もある。なんでも自由に持ち帰っていい仕組み。住民の子どもたちの幼稚園も運営されている。

このエコビレッジを訪れて感じるのは、生きることそのものがアートだという感覚。

広い空の下にたくさんの木々や植物が幸せそうに生い茂り、その合間に人々の暮らす美しい家が見え隠れしている。岩や石で建てられた家もあれば、半分地下で屋根が緑に覆われた家もある。中には、未来的ドームハウス、六角形と五角形を組み合わせた家など、小道を散歩しているだけでどれだけたくさんの魅惑的な家に出合えただろうか。

各家庭からあふれる、やわらかでアーティスティックな空気感。まるで意識の進化した別の星にワープしてきたかのようだ。花の甘い香りの風に包まれて、あまりの気持ちよさに目を閉じてしまう。

妖精のようにかわいい子どもたちは、公園や小道を自由に駆けまわっている。お月さま通りにおひさま通り、虹通りに北極星通り。通りの名前も、おとぎ話のようだった。

ほとんどの家の屋根には、太陽光パネルが設置されている。冬になればマイナス20度を超えるデンマークでの暖房システムは、暖炉から出る廃熱からお湯をつくり、床や壁をあたためる。このシステムで充分にあたたかいのだという。この方法は、このエコビレッジに限ったことではなく、デンマーク全土で多くの家庭が行っているやり方だ。近年では、ほかのエコビレッジとも連携して、いろいろなシステムの方法や知識の共有、意見の交換会なども盛んに行っているそうだ。

夢見る世界をつくるには

マトワンが整えてくれた夕食のテーブルで出会ったエレンは、このドゥスキル・エコビレッジの創始者メンバーの一人。もともとは、ハンディキャップを持った人々のアート教師だ。今は太極拳や気功の先生で、ヒーラーでもある。年齢は80歳を超えているだろうか。エレンを見つめていると美しく刻まれた皺《しわ》の奥に少女のようなまっすぐな青い瞳に出合い、やがて吸い込まれそうになる。

そう、彼女の家こそが、ここを訪れるきっかけになった家だった。エレンは自らデザインした自然界の摂理を取り入れた六角形と五角形を組み合わせたドーム形の家に暮らしていた。

翌日、エレンの家を訪ねて中に入ってみると、まるで子宮の中にいるような安心感に包まれた。太陽や月、星々の運行を意識した窓。瞑想と太極拳を行う五角形の床の部屋。届いた手紙や、彼女が描いた絵、第二の故郷のように訪れるインドのオーロヴィルの建築の写真。2人の娘以外に、縁を感じてずっと通い続けているインドにも2人の養子がいるそうだ。

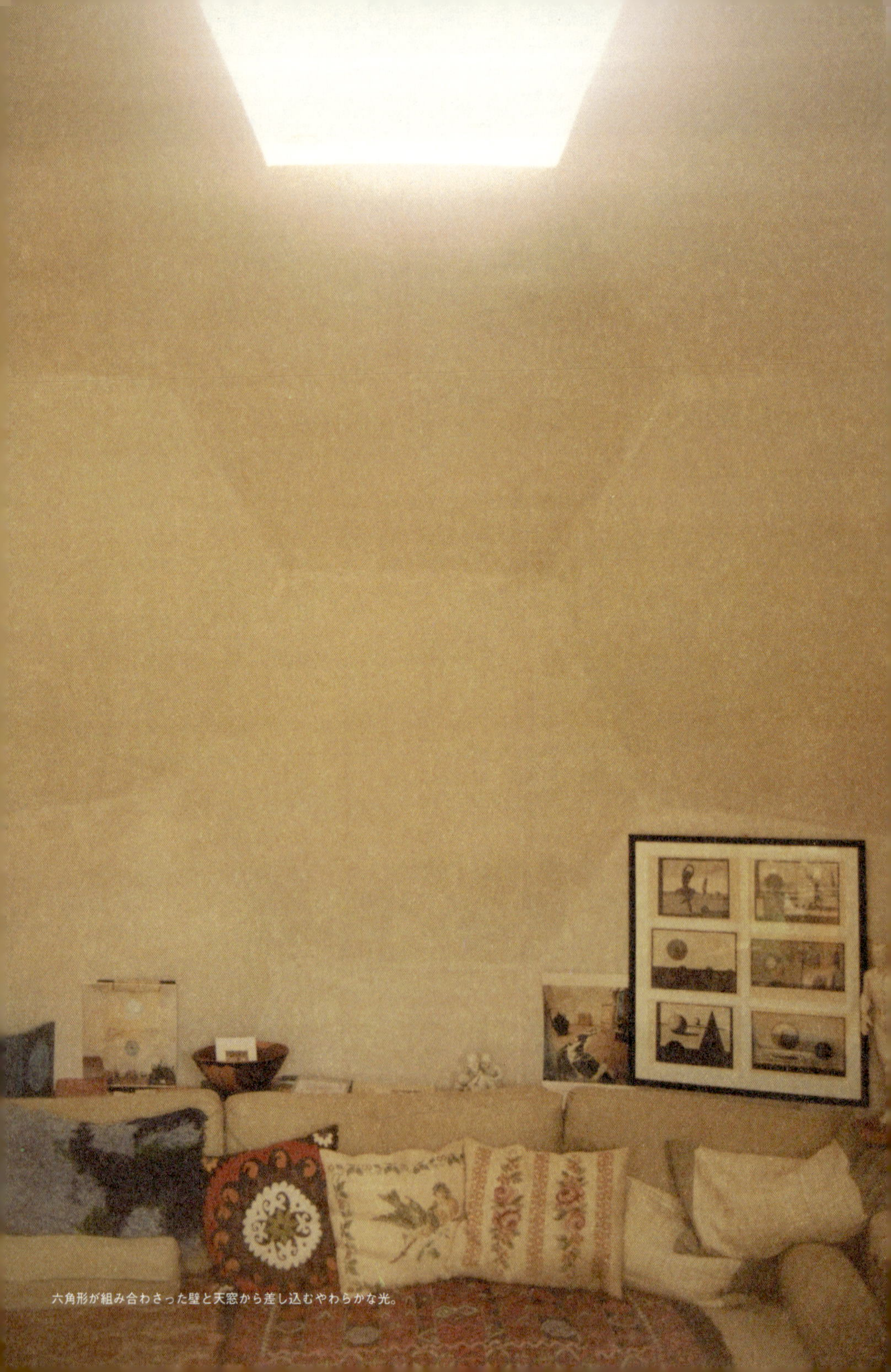

六角形が組み合わさった壁と天窓から差し込むやわらかな光。

有機的なラインを描く室内。陰影が美しい。

彼女がエコビレッジのはじまりに関わったのは、今から約45年前に遡る。子どもを持つ2組の家族と独身者3名ではじまったこのエコビレッジの掲げた理念は、「ベジタリアンで、スピリチュアルな精神性を持ちながら、環境負荷のない暮らしの実現」だった。

「もともとは大きな農園があった場所で、しかも嬉しいことに駅がすぐ近くにある。コペンハーゲンからは、電車で約1時間半。通勤や通学の心配もいらなかった。地に足のついた、自分たちの求める暮らしの理想を実現するには充分だったのよ。それで、ここに決めたの」

そしてこのコミュニティーでも、何かあると必ず住人たちがミーティングを開いて、しっかり話し合いをして決めるのだという。物事を決めるときに、必ず大切にしている3つのポイントがある。

「この決定は、果たして持続可能なことなのか？」

「社会や未来に責任を持てているのか？」

「お互いを尊重し合っているか？」

私たちも、この3つを押さえながら大切なことを決めていけば、未来はもっとよいものになるような気がしてくる。政治や地域にこうした感覚がもっと盛り込まれていくのなら、どんなに素晴らしいだろう。そんなことを考えながらエレンを見つめていると、肩をすくめてこう言った。

「だからといってね、ずっとうまくやってこられたわけじゃないのよ」とエレン。

「それはそれは、いろんなことがあったわ。あまりに大変で立ちすくんでしまうこともあった。はじまりからいるのは、今は私だけ。いろんな価値観を持っている人がいるし、みんな一緒ではない。だけど、それでもお互いの違いを認め合いながら共存していくこと。ここのエコビレッジは、そうして成り立ってきたの。一歩一歩進んできた。

たとえば、ここで生まれた赤ちゃんも成長すれば幼稚園が必要になる。じゃあ、私たちでつくりましょうという具合。変化は、あなたを強くしてくれる。そしてチャレンジすることで、人生に新しい投げかけをするの。まずは、やりはじめる。そしてやりはじめたら、あきらめないでやり続けること」

穏やかな平和と意思の強さを内に秘め、英知を話すヘレン。

「私はね、ビルダー（創造者）だった。だけど同時にドリーマーでもあった」

エレンのこの言葉は、今も静かに私の内側で響いている。

明日への種蒔《ま》き

ベンとサラ、この2人のカップルとの出会いも、とても嬉しいものだった。ビレッジ内をマトワンと散策しているときに、小さな女の子を自転車に乗せて帰る途中の素敵な女性に出会った。彼女は

エコビレッジ内は、車やバイクの乗り入れが禁止されている。

Map of Dyssekilde village

サラ。笑顔がまぶしい。私たちが日本から来ていることを知ると、「うちの夫のベンは、日本の楽器、尺八の演奏者なのよ。ぜひ、彼に会いに来て！　きっと喜ぶわ」。

次の日訪ねると、サラは外出をしていていなかったのが残念だったけれど、ベンに会うことができた。ベンは12歳のときに、家族でこのエコビレッジに引っ越してきた。よりエコロジカルな暮らしを求めたベンの両親は、ここでの暮らしを選んだのだ。彼の母親ヴィアナは、ここでカフェとナチュラルストアを営んでいる。

彼は成人して、一度は別の場所で暮らしていたが、アムステルダムでサラと出会い、結婚を機に北極星通りに家を建てた。奥さんのサラと10歳のマヤ、3歳のレナの2人の娘たちと4人で暮らしている。

「こんな格好でごめんね。僕はあまり服を買わないんだ。その代わり、いい靴は買うよ」

と微笑むベン。彼は尺八の奏者であり、画家でもある。そして小さな保育園を家で営みながら暮らしている。

奥さんのサラは友人と2人で、自分たち家族が食べられるくらいのオーガニックの畑をしていて、ナッツや野菜、リンゴや洋梨などたくさんのフルーツを育てている。エコビレッジ内の母親グループにも属していて、週に一度は集まって、子育てのこと、教育のことなどいろんなことを語り合う。

天井の高い素敵な家は、2年かけて自分たちで建てた。最初の1年間は、家の材料や資材を集めて土台を作り、2年目に建てはじめた。家を建てている最中は、キャンピングカーに2人の小さな娘と家族で寝泊まりをしながら、極寒のデンマークの寒さを乗りきった。さらに建築中も、夏になればしっかりと1カ月もバカンスをとって旅に出たそうだ。小さな子どももいて大変だし、早く家を建ててしまおうと思わなかったのだろうか。

「いやいや。バカンスは、すごく必要なものなんだよ。旅に出ることでリフレッシュにもなるし、たくさんのインスピレーションを受け取ることができる」

たとえ時間がかかっても、納得のいく家を建てることを大切にし、なおかつ楽しむことも忘れない。もちろんベンの家も、暖房とオーブン機能を兼ね備えた大きな暖炉の熱で壁と床をあたためる、省エネルギーハウスだった。サンルームには、トマトやキュウリなどの夏野菜がすくすくと育っている。

ベンは友人たちと大きな一枚の絵を描きはじめていて、大きなキャンバスの横では、子どもたちが元気に遊んでいた。彼は楽器を奏で、絵を描きながら、子どもたちと関わる仕事がしたいと今の仕事をはじめた。生涯、子どもたちに関わる仕事を続けていきたいと語るベンは、16歳のとき、彼自身もよいボーディングスクール(全寮制の寄宿学校)に巡り合ったことから、子ども時代を過ごす環境や教育、質の大切さを感じたのだという。私がテーブルの上にあった絵本『長くつ下のピッピ』を手に取って眺めていると、「ピッピは永遠に僕のヒーローなんだ」とベンが微笑んだ。

ベンの母親ヴィアナの家。室内とは思えないほど蔦がのびのびと育っている。

ベンの家の大きな暖炉兼オーブン。
暖炉の熱でできた温水が床と壁をあたためる。
これ一台で極寒のデンマークの冬を充分乗りきれる。

将来の夢を聞いてみると、

「夢というより、やりたいことの一つとして、大手銀行で組んでいた利子の安い住宅ローンを解約して、もっと持続可能なことにお金を運用する、よい銀行に変えるつもりなんだ。今、次の銀行を探しているところだよ」

という答えが返ってきた。最近観た映画で、大手銀行を利用することで、間接的に戦争や環境破壊に自分たちも一役買っていたことに気づいたそうだ。

「とても腹が立った。自分たちのお金がそんなことに使われているなんて許せないよ」

とベン。世界の金融の流れをたどっていくと、こうした図式が見え隠れしている。大きなコントロールが潜んでいるのだ。

それにしても、実際にローンを組み替えようとしているベンの、しっかりと地に足がついた感覚と行動力！　こうした一人一人の行動や選択の変化が起こす社会への影響は、私たちが思っているよりも実はパワーがあるのかもしれない。

足元の暮らしを大切に育みながら、同時に視野を大きく開き、想像力を持ち続けているベン。彼の精神性や生き方が、日々の暮らしのすべてに表されていて、本当に美しい。ベンが蒔《ま》く種は、世界のどこか遠くでも花を咲かせるに違いない。この広い世界は、つながっているのだから。

デンマークの幸せの秘密

北海とバルト海に抱かれたユトランド半島と400以上もの島々からなるデンマーク。有史以来から人々が暮らし、国名のルーツは、先住民族のデーン人の領地(マーク)という意味を持つ。デンマーク王室はヨーロッパ最古の王室で、世界では2番目に古い(最古は日本の皇室)。

バイキングの末裔《まつえい》たちが創ったこの国は、今では世界幸福度ランキングの上位を占め、「生きること、生活をしていくことに基本的に不安やストレスがない」のだそうだ。

国土の広さは、日本にたとえると九州と同じくらいで、人口は兵庫県とほぼ同じくらいといえば、なんとなく想像がつきやすいだろうか。人口密度でいえば、とてもゆったりしている国だ。

そして、「ゆりかごから墓場まで」といわれる高福祉政策。出産費、大学までの教育費に医療費、葬儀の費用も国が支払い、手厚い有給の育児休暇や子ども手当、高齢者への福祉など、社会システムが素晴らしい。所得税は48パーセント以上。税収による国民の負担は大きいが、国民の満足度は高い。一方で近頃では、移民問題や離婚、核家族化など、深刻な社会問題も聞かれるようになっている。

「税金は高いよ。収入の半分くらいは持っていかれるわ。だけど返ってくるものも大きい。たとえそれが自分のところじゃなくても、みんなが幸せなほうがいいわね」

蜂の巣の構造からインスパイアされた
六角形が組み合わされたユニークな家とエレン。
家自体がまるで生命体のよう。

「私の息子夫婦にこのあいだ赤ちゃんが生まれたの。彼は育児休暇を6週間とることができる。その期間は有給なのよ。80パーセントの給料が支払われるの。だから安心して生まれたばかりの赤ちゃんと過ごすことができるし、奥さんをサポートしてあげられる。この6週間は一気にとることもできるし、数回に分けてとることもできるの。素晴らしいシステムよ」

「子どもを産んだら、育児手当も出るわ。公立の学校は教育費無料。シングルマザーならそのサポートは、結婚している家庭より手厚いの」

クリスチャニアに暮らすパリケは、2人の子どもを出産後、空港での仕事をはじめた。女性の仕事復帰のサポートもしっかりしているのでありがたいという。

デンマークでは、安心して子どもを産み育てる環境が整っている。教育費も公立であれば大学まで無料なので、学びたいことがあれば金銭的な問題が理由で進学をあきらめなくてもいい。学ぶチャンスは、どの子どもにも平等に与えられているのだ。

公立の学費が無料でも、自分のやりたいことがはっきりしているので、大学への進学率は全体の30パーセントから40パーセント。日本のようにとりあえず大学へ、という感じではないそうだ。もちろん私立の学校もある。授業料を払ってでも価値があると感じる特別なプライベートスクールに通わせる人々もたくさんいる。

娘のるかが一緒に過ごした2人のホストシスターたちの子ども手当の使い方がとても素敵だった。お姉ちゃんのスゥスは、子ども手当を使って、ジムナスティック(体操)や自分がやりたい習い事をしていたそう。次女のリーナは、馬が大好き。家は都市から離れた広々とした土地がある場所だったので、国から支給される子ども手当で大好きな馬をレンタルして、中学から高校に上がるまでの3年間、馬を世話しながら一緒に暮らしていた。留学中、るかから姉妹たちと馬に乗って近くを散歩している楽しそうな写真がよく届いた。

デンマークからヘルシンキに向かう飛行機の待ち時間に出会った、バスケットボールのデンマーク高校生代表チームに付き添っていたウーレ。彼はチームのコーチで本業は大学で化学研究をしている。

「最近のデンマークは、教育費など、だいぶカットされたんだ。右翼の政党が力を増してきているし、どんどんアメリカ寄りになってきたから、これまでのようにはいかないかもしれない。だけど自分が受けてきたデンマークの教育には、とても感謝しているよ。僕は大学院まですべて無料で、いい教育を受けることができた。僕の2人の息子たちもだ。素晴らしいことだよ。所得税が高いことも問題ないと思っているよ。どうかこのままでいてもらいたいもんだよ」

デンマークでは、成人になって人生を深めた後に学びたいものに出合ったら、いつでも復学できる。26歳のエマは、2歳になる男の子の母親。彼女は最近、教師になる資格をとるために復学している。もちろん授業料は無料だ。夫のラロは、レストランのシェフ。夢は自分のベジタリアンレストランを持つこと。2人で協力して息子を育てながら、それぞれの夢に向かって充実した日々を送っている。

「デンマークでは、国がお父さんでありお母さん。国民は基本的な生活の心配をしなくていいんだ。自分たちはずっと子どもでいられる。幸福の秘密は？　と聞かれたら、そう答えるよ」

これはデンマークで出会った、地域を忙しく飛びまわる政治家から聞いたこと。彼の奥さんは、結婚後すぐに事故で車椅子の生活となった。彼は政治家として仕事を精力的にこなしながら、妻の介護も行っていた。

「介護のサポートや治療なども、国の福祉政策がとても助けになっているよ。感謝している」

と言う。夫婦で養蜂も行っていて、蜂蜜の収穫の時期になると、できたての蜂蜜をビン詰めにして、日頃の感謝を込めて職場の同僚や友人たちみんなに配るそうだ。

稼いでも税金で半分くらいは持っていかれる。社会保障もしっかりしているのであれば、働かないで怠ける人も出てこないのだろうか。

マトワンと一緒に訪ねたセルフビルドの美しい家。
壁には藁が練り込まれ、すべてが曲線で作られている。

「もちろん怠けようと思えば怠けることもできる。確かにそういう人もいるけど、それはとても少数だよ。僕の周りの人々やほとんどのデンマーク人は、自分の選んだ仕事に誇りを持っていて、働くことも好きだよ。勤勉なんだ」

実際、デンマークやクリスチャニアで私が出会った人々は、仕事も楽しみながら家族や友だちをとても大切にしていて、人生を心から楽しんでいた。

デンマークの会社は、仕事のはじまりも早くて終わるのも早いので、多くの人が4時前には家に戻ってくる。だから4時以降は家族と過ごしたり、家の建て増しや手直しをしたり、好きなことに時間を費やしていた。

生活の基盤に心配がない分、趣味や学びたいことなどにかける時間も、経済的な余裕もある人々が多い。日々の生活の楽しみ方を知っている。次はどこに出かけようか、何をしようか。これからの人生の目標に向かってとても前向きで、新たに学ぶことをあきらめていない。だから「幸せ?」って聞いたら、「もちろん!」と答える人がほとんど。

すぐに「幸せ!」と答えられるのは、人生に満足していて、日々のささやかなことにも喜んだり感謝したりすることができる感性や、そう思えるようなやわらかな心があるということ。それは、デンマーク人のベーシックな気質のようなものだとすら感じた。

人として当たり前のこと

デンマークにこんなエピソードがあった。混沌とした闇が世界中を覆っていた第2次世界大戦中のこと。デンマークはドイツの占領下に置かれた。ホロコーストの噂が聞こえはじめる。ナチスからの使者が、デンマーク国王クリスチャン10世に謁見した。「ユダヤ人家庭の軒先に、目印となるダビデの星のマークを掲げるように」という要請にデンマーク国王は、「この国でこの星を掲げる最初の家庭は、我が王室となるだろう」と言い放ち、ナチスの使者を帰したという。

デンマークはナチスドイツ占領下にありながら、レジスタンスの活動に関わった人々が多かったそうだ。ナチスがユダヤ人を強制収容所に移す日程の情報が入るやいなや、レジスタンスから政府高官、警察、農民、漁師、教師、医師、主婦、牧師、学生、あらゆる人々が自発的に動き、約1カ月で、デンマーク在住のユダヤ人、約8000人が戦争中立国を宣言した隣国スウェーデンに脱出するのを助けた。

「何かあったら、いつでも家に来ていい」と友人から鍵を渡されたユダヤ人も多かったという。教会や一般家庭でも何人もの人々をかくまい、ある病院ではユダヤ人家族をどんどん入院させ、夜間に警官が護送して、港まで送ったケースもあった。港に集められた人々は漁師たちが舟に乗せて脱出させ、こうしたことにかかる資金を集めた人々もいたという。危険な脱出に連れて行けないと、泣く泣く置いていった赤ちゃんや小さな子どもは、家族が戻るまで近所の人や友人たちが面倒を見たそうだ。そ

煌《きら》めく光の向こう側で大きな風車が誇らしげに
銀色の羽をまわしている。この幸せな景色は、
デンマーク国民がその手で選んだ未来だった。

れでも守りきれず連行されてしまったユダヤ人を、デンマーク政府は、「ユダヤ人であろうとデンマーク国民である」と返還を求めて裁判を起こし、ついには取り返したのだ。

他国の場合、脱出したユダヤ人の家の多くが略奪の対象になってしまい、家や財産などは奪われてしまったが、デンマークでは違った。ユダヤ人の家は国の管轄下に置かれ、家の持ち主が戻ってくるまで近所が常に目を光らせた。ナチス占領下の国々では、たくさんの悲劇が起きてしまったあの時代のこと。このエピソードに出合ったとき、私は鳥肌が立って、涙があふれてしまった。

ある本にはこんなことが書かれていた。「なぜそうしたのか?」と聞かれた人みんなが、「それが人として当たり前のことだから、そうしただけ」と答えたのだという。

クリスチャニアの住人エリザベスにこの話題をしたときも同じだった。

「知ってるわ。とても有名な話だから。だけど、それは特別なことじゃない。人間として当たり前のことをしただけで、デンマークに限ったことではないわ」

自分の善なる心に、ただ従っただけ。大したことではない。人間として当たり前のことをしただけ。それがデンマークの品格なのだという。

未来を変える選択

1973年、第1次オイルショックの後、日本を含む世界中の多くの国がそうだったように、デンマークも原子力政策へと舵を切った。しかし、その後の過程がほかの国々と決定的に違ったのは、国民がその手でエネルギー政策を選択する権利を選び取ったこと。原発の是非を問う国民投票に至るまでの道筋は、じつに10年以上の時間を費やしていた。

原発がどんなものか、本当に安全なものなのか、ほとんどの人々にはわからなかった。まず最初に、学生や農家たちが声を上げはじめ、そこに科学者たちが科学的根拠で情報を共有した。基本的に推進の立場をとっていた政府だが、第三者機関を設けて、原発のメリットとデメリットの両方の情報を「平等」に市民に届けた。

自分たちの問題として、農民、科学者、学生、主婦、それぞれの立場で勉強会が開かれ、学生と科学者グループの発電の代替案などの意見も活発に出された。「原発が本当に、自分たちが求める未来の環境や暮らしに沿ったものなのか」を徹底的に問う議論が続き、それは約10年もの歳月をかけてデンマーク中に広まっていった。

決着がついたのは、デンマークの各都市で同時に行われた3日間の伝説のデモ。原発の立地場所と、各都市にて約5万人の人々が「原発はおことわり」というスローガンを掲げて行進したのだ。デンマーク人の母親と日本人の父親を持つ私の友人デヴィットは、母親に抱かれてこのデモに参加していたという。

その後、国民投票が行われ、1985年、デンマークは正式に原子力政策を永遠に放棄する。それはじつに、チェルノブイリの事故の1年前の決断だった。

この出来事が示しているのは、デンマークの人々が自分たちの未来への選択に、責任を持っているということ。今だけを見るのではなく、次世代のことまで視野に入れた選択をしようとしたこと。そして、その選択を自分たち国民の手で選び取る自由が、そこに存在していたということ。その自由は、誰でもない国民が選び取ったものだということ。

これらすべての流れを知るにつけて、そこに関わるデンマークの人々の人間としての誠実さや、人間的なあたたかさを感じるのだった。

草花を地上の星と見立てて、ベンの母ヴィアナが何もないところから作った「スターダストガーデン」。
優しく歌う樫の木を真ん中に。

Piece of memory

不思議な老人

長老の木のおじいさんに会った日の夜、夕食後に偶然つけたテレビ(当時はまだ家に置いていた)で放送していた番組の内容にびっくりした。それは九死に一生を得た人々の実話を元に再現した番組で、タイを旅行中の家族が、スマトラ沖大地震の大津波を経験した話だった。

2人の子どもをホテルのプールに連れて行った父親。父親は浮き輪を膨らませていた。奥さんはホテルの部屋からその光景を眺めていた。いつもはそんなことしないでプールに飛び込むのに、なぜかわからないが、その日は丁寧に2つの浮き輪を膨らましていた。完璧に膨らまし終えて、「よし！　いいよ」と、それぞれの子どもたちに浮き輪を装着したそのすぐ直後。なんと津波がやって来たのだ。親子3人は津波にのまれてしまう。

父親は当時のことを振り返る。

「そこからは何がなんだか家族3人、よくわからないまま流されました。でもそこで見たのは、何度も何度も目の前に差し出された善意の手だった。私たち家族は、その善意の手によって助けられたのです」

その父親と子どもたちは、流されながらも、タイの人々の手によって助けられたのだった。

「あの混乱のさなか、私が見たのは、人々の善性です。よく人間には善も悪も両方あるといいますが、あのとき確かに見たのは、人々の善の部分だった。私はあれ以来、人の本性は善なのではないかと感じています。

私たちを助けてくれた、タイの人々とこの国に恩返しがしたくて、私はここで会社を起こして、ここで暮らすことにしたのです」

私は、その物語の展開に言葉が出なかった。

数時間前に長老の木の前で出会ったおじいさんが言ったメッセージを、ここでまた聞くことになったのだから。

今から12年も前のこと。この日の出来事は、今でも忘れられない。

ある夜、クリスチャニアでアウリと話していて、ふと長老の木のおじいさんのことを思い出していた。そして気がついた。それは、デンマークで教育革命を行った、あのグルントヴィのメッセージとおじいさんのメッセージが同じだということに。

「人の根本は善性なのだ」

「アウリ、今、気がついたんだけど、長老の木のおじいさんとグルントヴィのメッセージが同じだわ」

私の中で、見えない何かがつながろうとしていた。

「ねぇ、かな。ところでグルントヴィってどんな風貌だったの？」

アウリの青い瞳が、私を見つめている。

「そうね、晩年の彼は、頭がつるりと禿《は》げていて、ひげと髪が白くて長くて……ん？」

そうアウリに答えながら、心臓がドキドキしてきて息が止まりそうだった。なぜなら長老の木のおじいさんとグルントヴィの風貌が同じことに気づいたのだから。見えない点と点、線と線がつながって、美しく織られた蜘《く》蛛《も》の巣が姿を現したのだ。

原発を国民投票で放棄した国、クリスチャニアの存続、「世界一幸せな国」というキーワードから、なぜそんなことがデンマークで実現しているのかを探す旅に出た私は、あるときから、そのすべての出来事の中に、グルントヴィの行った教育革命の影響や彼の存在を感じずにはいられなかったのだ。

この旅に、デンマークに私を導いたのは、もしかしたら、グルントヴィだったのではないだろうか。

旅のおわりに

デンマークという国の力が衰えかけていた時代、グルントヴィが行った「教育改革」は「ハートに灯りをともす」教育だった。

それは「人間の根源は善なのだ」「人はみな幸せに生きるために生まれてきた」という認識のもと、「自分の頭で考え、問題を解決する力」を導くものとなり、その後のデンマークの流れを大きく変えていった。

これらのことから、今、私たちが得られるインスピレーションがあるのではないだろうか。

「人間の根源は善なのだ」。これが真実かどうかはいったん横に置いて、そう信じてみようと思ったとき、人間や未来を信頼できるのかもしれないと感じた。人々の「善なる想い」と「情熱」が、いつの時代もこの世界を進化させてきたように思うのだ。

途方もない問題を抱えている私たちは、まだまだ学びの途中だが、誰かが誰かを思いやるとき、未来を思い行動に移すとき、いつも見えない光の粒（魔法）が生まれ続けてきたのではないだろうか。

遥か彼方の北欧の小さな国から放たれる光を見つけて、その光を探す旅に出た。その光に近づいてよく見てみると、それは無数に光る小さな光の群生だった。その光は人々のハートにともった灯りだったのだ。

その光が生まれた魔法の源流の一端を、旅の中で見つけることができたのではないかと感じている。

この本は、写真家の稲岡亜里子ちゃん、編集の高田あきこさんと私の3人の女性によって産み落とされた。この素晴らしい2人の女性たちと一緒にこの本をつくれたことを心から光栄に思う。この本を書くにあたり、アウリとマトワンは私たちの導きの天使。ジェンズファミリーをはじめ、デンマークで出会ったすべての人々、デザイナーの峯崎ノリテルさん、本の制作に関わってくださったみなさまにも心からの感謝を伝えたい。そして、どんなときも励ましてくれたSTARDUSTのスタッフのみんなと支えてくれた最愛の家族、ひろ、るか、里織にも心からの感謝を送りたい。

２０１７年10月22日の朝に　清水香那

あとがき

私たちは、夢(ビジョン)を現実にして生きる人々に出会った。
彼らは、自由と幸せのために大きな責任を持ち、戦士のように生きていた。
彼らは、ひかりの反対の影にも真っ正面から向き合い生きている。
チャレンジを自らを成長させる土台にし、チャレンジを愛の育みの場として。

彼らは優しく輝いている。

5年前の取材で、エフタスコーレの入学式に行ったとき、私は涙が止まらなかった。

「Become who you are(自分自身になれ)」

日本で過ごした中高校生のとき、先生に、親に、大人たちに一番言ってほしかった言葉。私は、16歳でアメリカの高校に留学をした。物心ついたときから、日本の学校のあり方、社会のあり方に苦手な圧力を感じていた。なぜか自分らしくなれなくて、自分の意見を発言することに難しさを感じていた。本当の自分を見つけにアメリカに行きたいと、両親に留学をお願いした。説得に3年ほどかかったが、幸いにも私の母も海外に住んだことがある人だったので、私の気持ちを理解し、より自分らしく生きられる場所へと、留学をすることを受け入れてくれた。

このグルントヴィの素晴らしいスローガンの教育のもとでこれから1年を過ごす子どもたちの希望と喜びを感じたとき、私は嬉しくて、涙を流した。こんな環境を日本の子どもたちにも経験させてあげたいと、強く思った。

アウリが働くアートスクールでは、制作の題材がデンマークの歴史の陰の部分である奴隷制度であったり、環境問題であったりした。アートを通し、ただ表面的な美しいものを作るのではなく、今の私たちの豊かな生活の背景には、犠牲になった人々があることや、人が積み重ねてつくり上げてしまった環境問題をテーマにし、子どもたちに現実の問題を教えていた。

教科書で学ぶだけではなく、制作とともに時間をかけこれらのテーマに向かい、話し合うことで、一つ一つの学びがより子どもたちの未来に向かって正しい方向へと進んでいくためにあると感じた。

デンマークの教育も、クリスチャニアやほかのコミュニティーも、共通して大切にしている、問題と向き合う責任。答えが正しいか間違っているかよりも、問題にどのような気持ちで向き合うか、プロセスを大きな学びの場にしていた。
教科書で先生が教えるのではなく、先生はサポートをすることを大切に、生徒が自ら問題を解いていく教育の中で育った彼らは、大人になっても人生の課題に責任を持って取り組んでいた。

クリスチャニアの本を作るには、デンマークの教育の取材なしに、どうしてこのような自治区が40年以上都市の真ん中に存在し続けられているのか、私たちも納得がいかなかった。子どものときから備わった、コミュニケーションを通して問題を解決し、自らの答えを見つけ出そうとする意識が、今も存在し続けるクリスチャニアをつくり上げている。

5年前、カナちゃんと2人で『TRANSIT』の北欧特集でデンマークに行き、そして書籍化のために再び3年前に取材をし、今年3度目の訪問はひとりで4日間だけクリスチャニアで過ごした。3年前の取材時は、お腹の中に5カ月の息子がいた。
この5年のあいだに、私は子どもを授かり、家業を後継しと、写真家としての仕事はほとんど休業していた。そんな中でも、この本の制作はずっと私の横に存在していた。この5年は、自分にとって大きな変化の時期だった。そんな時期に取材をしたこの本に、私は大きく支えられた。

変化は人を強くさせる。夢を創り上げるビルダーになる。芸術は人生を美しいものにしてくれる。母親になった私、経営者になった私に、とても必要なメッセージを彼らの生き方から学んだ。

今、彼らの声が本になり、多くの人と分かち合える時が来て、とても嬉しい。多くの人が勇気と力をもらって、より幸せになるといいなと思う。

生きるものすべてが幸せでありますように。

夢(ビジョン)はかたちになる。

ひかり輝こう。

2017年10月　新月の日に　稲岡亜里子

清水香那 Kana Shimizu

徳島生まれ、大阪育ち。オーストラリアのゴールドコースト、パース、アメリカのバークレー、仙台を経て2011年京都へ。2015年、京都北区にbeautiful things and vegetarian cafe「STARDUST」をオープン。「You are stardust on the earth - a beautiful piece of the universe. あなたは地上の星屑、宇宙の美しいひとかけら」はSTARDUSTからのメッセージ。

稲岡亜里子 Ariko Inaoka

京都生まれ。16歳でアメリカ・サンディエゴの高校に留学。高校で写真に出合い、パーソンズ美術大学写真科卒業。ニューヨークと東京を拠点に世界を飛びまわる写真家として活動する中、2013年に家業である創業550年余の蕎麦と蕎麦菓子屋「本家尾張屋」を後継。現在は、老舗当主と写真家とし、京都に住んでいる。

**クリスチャニア
自由の国に生きる
デンマークの奇跡**

2017年12月18日 第1版第1刷発行

文　清水香那
写真　稲岡亜里子

発行者　玉越直人

デザイン　峯崎ノリテル
イラスト　清水里緒
校正　大谷尚子
編集　高田あきこ

発行所　WAVE出版
〒102-0074 東京都千代田区九段南3-9-12
TEL 03-3261-3713 FAX 03-3261-3823
振替 00100-7-366376
E-mail info@wave-publishers.co.jp
http://www.wave-publishers.co.jp
印刷・製本　大日本印刷

NDC 916　191p　22cm
ISBN978-4-86621-089-6